P-A. MATHIEU REL.

ACADÉMIE DE MARSEILLE.

NOTICE D'UN MANUSCRIT

APPARTENANT A LA BIBLIOTHÈQUE PUBLIQUE DE MARSEILLE,

SUIVIE

D'un aperçu sur les ÉPOPÉES PROVENÇALES du Moyen-Age, relatives à la chevalerie de la Table-Ronde,

Par M. L.-J. HUBAUD,

Membre de la Classe des Belles-Lettres.

Lu dans les Séances Particulières des 26 Janvier et Août 1837.

MARSEILLE,
TYP. ET LITH. BARLATIER-FEISSAT ET DEMONCHY,
Place Royale, 7 A.

1853.

NOTICE D'UN MANUSCRIT

Appartenant à la Bibliothèque Publique de Marseille, suivie d'un aperçu sur les ÉPOPÉES PROVENÇALES du Moyen-Age, relatives à la chevalerie de la Table-Ronde,

PAR M. L.-J. HUBAUD,

Membre de la Classe des Belles-Lettres.

Parmi les manuscrits, faisant partie de la bibliothèque publique de Marseille, un a plus particulièrement fixé mon attention par la raison qu'il se rattache à une branche de la littérature, vers laquelle mon goût et mes études m'ont plus spécialement porté ; il contient le roman (en prose) de GURON le Cortois (Gyron le Courtois), chevalier de la Table Ronde. Ce Manuscrit que je crois être du quatorzième siècle, ou peut-être même de la fin du treizième, est sur vélin ; il forme un volume in-fol. d'une certaine épaisseur. L'écriture à 2 colonnes, sur chacune desquelles, étant entière, on compte 40 lignes, est en cette sorte de caractères gothiques, distingués des gens de l'art sous la désignation de *lettres de somme*. Les tourneures en sont peintes en rouge, en bleu et en vert. On y rencontre aussi quelques grandes capitales des deux couleurs rouge et bleu (carmin et outremer). L'écriture, sans être remarquable sous le rapport calligraphique, en est très-nette et très-lisible, quoique chargée d'abréviations. On n'aperçoit dans le courant du livre aucun point ni couronne sur les *i* ; seulement quelques-uns sont surmontés d'un trait oblique ajouté par le correcteur. La même main a fait quelques corrections de mots et en a ajouté, dans l'interligne, qui avaient été omis par le copiste. L'*y* s'y rencontre. La ponctuation n'y consiste que dans le point qui, à cette époque, selon qu'il était placé au bas, au milieu, ou bien au haut de l'épaisseur du corps de la lettre, indiquait les pauses représentées maintenant par la virgule, le point et virgule, et le point. Mais, dans ce volume, elle y est irrégulière et on la dirait placée au hasard, fréquemment au milieu des mots qui doivent se suivre sans interruption, rarement ou presque jamais à la fin de la phrase. A quelques exceptions près, ni capitale ni tourneure n'en indique le commencement. Nul emploi du point d'interrogation, du point d'admiration, ni de l'apostrophe. Souvent plusieurs mots, au lieu d'être séparés, sont joints ensemble. Malheureusement l'état dans lequel ce manuscrit nous est parvenu n'est guère satisfaisant, étant imparfait, non-seulement au commencement et à la fin, mais encore en plusieurs endroits du livre où la narration se trouve interrompue par le manque de cinq, six feuillets et même plus, ce qu'on doit attribuer en partie aux miniatures dont il était décoré qui, ayant excité l'avide curiosité de personnes ignorantes, ont été enlevées, soit avec un instrument tranchant à l'aide duquel on a fait une ouverture carrée de la grandeur de la miniature; soit, ce qui est encore plus déplorable, en déchirant les feuillets. De pareils accidents, au reste, ne sont pas rares, comme le savent très-bien les personnes qui ont été dans le cas d'examiner d'anciens manuscrits. Les miniatures qui l'accompagnaient devaient être assez nombreuses, s'il faut en juger par les lacunes que leur enlèvement a occasionnées. Quel était leur mérite sous le rapport de l'art ? C'est ce qu'il n'est pas facile d'apprécier, d'après la seule qui ait échappé à la destruction ou à l'enlèvement, et qui aura dû cet oubli à sa dégradation : on la voit sur le verso du 38me feuillet de ceux restés entiers, ou presque entiers, du volume. Je dis presque entiers, et ce n'est pas assez dire, puisque la moitié en longueur de ce feuillet même est déchirée. Les sommaires des chapitres qui subsistent encore sont écrits à l'encre rouge. La reliure du volume, mal conservée, est ancienne et date vraisemblablement de l'époque où ce Manuscrit a été exécuté.

Quel est le véritable auteur du roman en prose

de Gyron le Courtois ? Ce n'est, répondrons-nous, ni Luce, seigneur du Château de Gast (1), ni le chevalier Branor le Brun (2), ni même Rusticien de Pise à qui l'on attribue, avec plus ou moins de fondement, l'ancienne relation française des voyages de *Marc Pol* (3), mais bien Hélie de Borron qui, dit-il, le traduisit du latin par ordre de Henri Roi d'Angleterre (Henri II, ou Henri III, son petit-fils) (4).

Une autre question est celle-ci. Le texte primitif a-t-il été rédigé en vers ou bien en prose ? La chose se déciderait, peut-être, si l'on avait la faculté de consulter l'épopée, en romane française, de *Gyron le Courtois* dont un manuscrit se conserve à la Bibliothèque du Vatican (5), et qui provient du don fait par la reine Christine de Suède. Comme il pourrait arriver qu'une cause quelconque en amenât la perte, ou même la destruction (6), il serait à désirer qu'une copie, exécutée d'une manière intelligente et surtout avec la plus scrupuleuse fidélité, nous rassurât sur la

---

(1) Comme l'a dit, sans fondement, l'abbé Le Bœuf dans les *Mémoires de l'Académie Royale des Inscriptions et Belles-Lettres*, tom. XVII, pag. 753 de l'édition in-4°.

(2) Voyez, à la fin, les Éclaircissements et Preuves n° I.

(3) Voyez, les Éclaircissements et Preuves n° III. Il convient de lire ce Numéro après celui cité dans la note suivante.

(4) Voyez les Éclaircissements et Preuves, n° I et II.

(5) *Vat. Bib. R. Chr.* 1501.

(6) Nous en avons un exemple dans l'*Amadis de Gaule* de Vasco de Lobeira dont le seul manuscrit en sa langue originale a malheureusement péri dans un incendie à Lisbonne, au commencement de ce siècle. Ce Manuscrit, regardé comme autographe, existait dans la bibliothèque des seigneurs d'Aveira.

crainte de voir anéantir une de nos plus anciennes épopées françaises du moyen-âge, le Manuscrit du Vatican étant unique, selon toute apparence.

Luigi Alamanni a tiré de son poëme GIRONE *il Cortese*, en XXIV chants et en *ottava rima* (1), que le Varchi (2) ne craignit pas de mettre au-dessus de l'ORLANDO *furioso*, ce qui lui attira deux sonnets satyriques dans lesquels le Lasca (3) se moque avec raison d'un jugement aussi peu rationel.

Mais ce n'est pas le tout, Messieurs, de vous avoir entretenus de la partie matérielle du Manuscrit dont il

(1) La première et la meilleure édition de ce poëme est celle : *in Parigi, per Rinaldo Calderio, et Claudio suo figliuolo*, 1548, in-4°.
(2) *Lezzioni*, pag. 585, 645 et 646.
(3) L'un de ces sonnets commence ainsi :

  Il Varchi ha fitto in capo nel *Girone*,
  E vuol che sia più bel dell' *Ariosto* ;
  Ma s'ei non si ridice inanzi agosto,
  Lo potrebbe guarire il sol Lione.
  Etc.

Et l'autre :

  Etrusco, il Varchi ha mandato il cervello,
  Come dicon le donne, a processione
  Talch' egli è proprio una compassione
  In cotal frenesia testè vedello.
  Egli hà di nuovo composto un libello
  Di far crepar di rider le persone,
  Dove egli afferma, e dice, che'l *Girone*
  Del *Furioso* è mille volte più bello.
  Aristotil, etc.

Apostolo Zeno (annotazioni sopra la Bibl. ital. di Fontanini, tom. 1 pag. 272) qui cite le premier sonnet, paraît n'avoir pas eu connaissance du second que j'ai trouvé dans les *Opere Burlesche del Berni del Casa*, etc. (in Usecht al Reno 1760, 3 vol. petit in-8°), tome III pag. 326.

s'agit ; je dois vous en faire connaître le contenu afin d'en éviter la lecture à ceux d'entre vous qui n'auraient pas la patience d'y consacrer un temps destiné à des études d'un autre genre, lecture fatigante dont, peut-être bien, l'intérêt ne compenserait pas pour eux la peine et même l'ennui. D'ailleurs l'ouvrage est très-rare, et je crois être sûr qu'il n'en existe à Marseille d'autre exemplaire que le Manuscrit de la Bibliothèque publique. A la vérité l'on trouve un extrait du roman imprimé dans la *Bibliothèque Universelle des Romans* (1er volume d'octobre 1776), par Bastide et autres collaborateurs ; mais cet extrait, comme généralement tous ceux qu'on y lit, est extrêmement infidèle et fautif. Les auteurs de cette com--pilation, médiocrement versés dans la connaissance des caractères et du langage du moyen-âge, ou bien doués d'un goût peu sûr, ou tout au moins y apportant une négligence impardonnable et incompatible avec leurs devoirs de littérateurs, se contentaient de parcourir légèrement le roman dont ils s'étaient chargés et, après en avoir entrevu à peu près le plan, bâtissaient là dessus un extrait tel quel, y ajoutant fort mal-à-propos du leur, avec la prétention très-déplacée d'embellir l'original qu'ils défiguraient par leurs sottes et ridicules gentillesses. Je vais donc essayer d'en présenter un précis consciencieux et succinct, suffisant toutefois pour vous en former une idée. En le rapprochant de l'extrait contenu dans la *Bibliothèque Universelle des Romans*, on verra combien il en diffère. Si on le compare avec le Manuscrit de l'original, on s'assurera de son exactitude.

Les fragments du Manuscrit ne m'ont donné à connaître les noms ni du père ni du grand-père de *Gyron le Courtois* : ils n'y sont pas autrement désignés qu'ainsi, *li pere Guron* et *laiol Guron*. Quoi qu'il en soit, son bisaïeul est *Fébus-le-Fort* dont l'histoire est relatée vers le milieu du volume. Ses ancêtres ont régné en France; la couronne lui appartient, et il la posséderait si son père, on ne sait trop pourquoi, ne l'eût de son vivant remise à un sien neveu au préjudice de Gyron son fils. Ce neveu étant mort sans héritier présent, *Pharamont* (sic), fils d'un serf affranchi par l'aïeul de Gyron, s'était emparé du trône. Remarquons deux choses ; l'une, que ces Rois, antérieurs à Pharamont, sont déjà chrétiens, l'autre, que Gyron ignore lui-même son origine connue seulement du Roi Uter-Pendragon. Amoureux et, qui plus est, aimé de la Dame de Malohaut (1), la plus belle femme de son temps, l'étroite amitié qui le lie avec *Danayn-le-Roux*, mari de cette Dame, lui inspire la retenue la plus stricte malgré l'aveu qu'elle lui a fait de sa tendresse.

(1) Dans le roman de *Lancelot du Lac*, la Reine Genièvre, femme du Roi Artus, a pour première Dame de compagnie la *Dame de Malohaut*, jeune veuve, amoureuse du jeune *Lancelot* que, sous différents prétextes, elle avait retenu en chartre privée, mettant inutilement tout en œuvre pour s'en faire aimer. Cette dame prend ensuite pour amant *Gallehaut*, Roi *d'outre-les-Marches*, ami de Lancelot.

Un tournoi est annoncé au château des *Deux-Sœurs*, entre le Roi de Norgalles et le Roi de Norhomberlande (*Nortumberland*). Danayn et Gyron s'y rendent déguisés et couverts d'armures noires, pendant que l'épouse du premier s'y achemine, de son côté, accompagnée d'un brillant cortége de dames, de demoiselles et de chevaliers ses vassaux. Comme elle connaît les armes de son mari et de son amant, il ne lui est pas difficile de les distinguer et de voir leurs prouesses. La mêlée s'engage entre les deux troupes. Danayn et Gyron, dont l'intention était de se tenir à l'écart jusqu'à ce que la victoire semblât se déclarer pour un côté, afin de porter secours à l'autre plus faible, se joignent au parti de Norhomberlande forcé de céder le terrain à celui de Norgalles renforcé par *Messire Lac* et le Roi *Méliadus de Léonnois*, portant des armes argentées. Inconnus à tous les autres, ces deux chevaliers se connaissent et sont compagnons. Danayn et surtout Gyron relèvent le parti de Norhomberlande qui à son tour prend le dessus. Après des succès variés entre les quatre champions, Méliadus et Messire Lac d'un côté, et Gyron et Danayn de l'autre, les deux premiers plus fatigués, vu qu'ils étaient entrés en lice bien avant leurs adversaires, quittent le tournoi qui ne tarde pas à finir par la défaite du parti de Norgalles.

Dès la veille, Messire Lac arrêté sous le balcon de la Dame de Malohaut, dont la grande beauté lui avait inspiré la flamme la plus vive, s'en était entretenu avec Méliadus et avait laissé entrevoir son projet de la suivre au sortir du tournoi, et de s'emparer d'elle malgré les vingt-six chevaliers de son escorte. En parlant ainsi privément, il ne pensait pas être écouté de personne. Mais Gyron se trouvant non loin de là avait tout entendu, et sans rien dire à Danayn qui ne se doute de la chose et qui est obligé de se détourner pour une vengeance qu'il a à tirer d'un parent tué par deux frères ses ennemis, se propose de veiller sur sa dame. Il couvre son écu d'une housse vermeille, afin de ne pas être reconnu par ceux qui avaient assisté au tournoi, et se met en route. La nuit le surprend dans une forêt. Il se repose sous un arbre auprès d'une fontaine. Survient un autre chevalier qui s'assied à peu de distance de Gyron, sans le voir à cause de l'obscurité de la nuit. Ce chevalier se plaint de l'amour, fait des imprécations contre et, bientôt se reprenant, chante la palinodie. Il aperçoit Gyron et ne doute pas d'avoir été entendu, mais il se console vu qu'il n'a pas nommé la dame dont la beauté le captive. Les deux chevaliers lient conversation. Gyron, d'après un récit de l'inconnu et dans lequel lui Gyron avait figuré, le reconnaît pour Messire Lac. Il s'assure encore qu'une entreprise, dont lui parle celui-ci, a pour objet la Dame de Malohaut, et se félicite qu'un hasard heureux l'ait mis sur la trace de ce qu'il cherchait. En conséquence, il s'efforce de dissuader Messire Lac de son dessein, lui signifiant que, loin de lui aider, il lui disputera la Dame, supposé qu'il vienne à bout de vaincre les vingt-six chevaliers dont elle est accompagnée. Messire Lac qui a pris Gyron pour un chevalier de peu de valeur et même couard, rit de l'avertissement et persiste dans sa résolution. Le cortége paraît sur le grand chemin. Messire Lac fond sur l'escorte, la dissipe et la met en fuite. Il veut se faire suivre de la Dame de Malohaut fort effrayée de l'accident survenu. Elle pleure et le prie envain de la laisser. Alors Gyron, exécutant sa menace, s'apprête et crie à Messire Lac de se mettre en défense. Ils tirent l'épée : l'assaut n'est pas long. Messire Lac qui venait de combattre contre vingt-six chevaliers, est abattu sans connaissance, et Gyron part avec la belle dame délivrée par lui, laquelle l'a d'abord distingué à la voix. Les charmes de la dame, les louanges dont elle avait été l'objet au tournoi, l'expression de sa gratitude pour sa délivrance, concourent à réveiller l'amour renfermé de Gyron, au point d'oublier l'amitié qu'il porte à Danayn et que lui porte celui-ci. Sur la demande de la dame, qu'est-ce qui excitait le plus à faire des prouesses, il répond que c'est l'amour ; que l'amour avait donné au chevalier qui voulait la conquérir, la force et le courage de vaincre et dissiper l'escorte dont elle était entourée, et à lui Gyron le pouvoir de l'enlever à ce chevalier. Ces propos l'amènent à une déclaration d'amour. Surprise, elle lui rappelle combien il l'avait rebutée. Il s'excuse d'avoir été *fou et vilain* à son égard, et la prie de ne pas lui reprocher cette sottise, car *ele fu grande sans faille*, dit-il. Contente de ce qu'elle vient d'entendre, elle se tait néanmoins. En chevauchant dans le chemin, ils trouvent un petit sentier à travers la forêt conduisant à une *fontaine* (source ou ruisseau) sise au milieu d'un vallon. Gyron se sentant beaucoup travaillé de la forte journée de la veille, propose à la dame d'aller s'y reposer un peu, à quoi elle consent volontiers. Il descend de cheval, descend sa dame; quitte son heaume, son écu, appuye *sa glaive* (sa lance) contre un arbre, pose son épée sur le bord de la fontaine et se désarme tout-à-fait. Au moment où les deux amants allaient tout sacrifier à leur passion, la lance glisse sur l'épée qui tombe dans l'eau. Or cette épée était doublement chère à Gyron, soit à raison de l'excellence de sa lame, soit parce qu'elle avait appartenu au vaillant *Hector-le-Brun*. Aussi Gyron s'empresse-t-il de la retirer de la fontaine. En la sortant du fourreau pour l'essuyer, ses yeux s'arrêtent involontairement sur la devise que Hector-le-Brun avait fait graver sur la poignée : *Loiauté passe tout et trahison honist tous homes dedens qui ele seheberge*. Cette devise rappelle Gyron à lui-même. Au désespoir de la trahison qu'il était sur le point de commettre vis-à-vis de son ami, et voulant la venger sur lui-même; il tourne la pointe de son épée vers lui; et s'en donne un grand coup qui lui traverse les deux cuisses. Non content il l'arrache pour se percer de nouveau. La Dame de

Malohaut éperdue se jette sur lui, se couche sur son bras, et en telle manière retint-elle le second coup. Il arrive qu'un chevalier de Malohaut, mais qui ne relevait pas de Danayn, avait été témoin de la déconfiture que Messire Lac avait faite de l'escorte de la Dame de Malohaut, de la défaite de Messire Lac par Gyron, et du départ de ce dernier avec la dame. Il les avait remarqués s'engager dans le petit sentier à travers la forêt. Curieux de connaître le résultat de cette promenade, il les suit de loin. Il vient où étaient les deux amants, et trouve Gyron tombé en faiblesse par l'abondance du sang perdu. La Dame de Malohaut lui raconte en pleurant que le chevalier s'est ainsi blessé lui-même. Sans trop s'informer de la raison d'un événement aussi étrange, et croyant Gyron à peu près mort, il veut s'emparer de son épée dont la beauté le tente fort. Gyron, qui sent qu'on la lui tire des mains, ouvre les yeux, recueille ses forces et, tout fortement navré qu'il est, l'effraye par ses menaces et le fait partir. Une pareille situation se trouve dans le *Roman de Roncevaux,* où Roland près d'expirer, sentant qu'un sarrasin lui enlève son épée *Durendal*, se ranime, ouvre les yeux, se redresse subitement et, d'un coup de son fameux cor d'ivoire, lui brise et le casque et le crâne. Le chevalier, courroucé de n'avoir pu se rendre maître de l'épée de Gyron, et voulant du mal à la Dame de Malohaut à cause d'un frère à lui qu'elle avait tenu long-temps en prison, et qui y était mort, rencontre Danayn revenant de son expédition où il a tiré vengeance des deux meurtriers de son cousin, et le prenant pour un simple chevalier de Malohaut vassal de Danayn, lui conte, pour le redire à son Seigneur, tout ce qui s'est passé au sujet de la Dame de Malohaut. Il ajoute méchamment qu'arrivés auprès de la fontaine le chevalier, à qui la dame était restée en dernier lieu, d'accord avec elle, avait commis envers Danayn l'offense la plus grave dont un mari ait à se plaindre, et qu'un autre chevalier ami du Sire de Malohaut, les ayant surpris, dans son indignation avait percé de son épée les deux cuisses du coupable qu'il avait laissé nageant dans son sang. Guidé par les indices de l'imposteur, Danayn, qui d'abord avait montré de l'incrédulité, accourt auprès de sa femme et de Gyron. L'état où il trouve ce dernier ne lui laisse aucun doute sur la vérité du rapport qui lui a été fait. Après des reproches aussi sanglants que peu mérités, il parle de leur couper la tête. La dame se jette aux pieds de son mari, le prie de l'écouter, lui fait un récit fidèle des événements qui se sont succédé depuis l'attaque de son escorte jusqu'au moment présent, et le conjure de ne pas ôter la vie au bon chevalier qui s'est conduit avec tant de loyauté envers lui. Gyron confirme les paroles de la dame. Danayn commence à penser que le chevalier étranger pourrait fort bien ne lui avoir pas dit la vérité. Il soupçonne que ce soit le même qui prétendait s'approprier l'épée de Gyron. Cette épée ensanglantée est une preuve que c'est celle-là même qui a fait la blessure, et non l'épée d'un autre ; et il sait bien que Gyron est tel guerrier que personne n'eût pu la lui ôter. Là dessus arrive le méchant chevalier bien aise de s'assurer du succès de sa calomnie. Danayn se tourne vers lui, le défie pour le punir, dit-il, d'avoir meurtri son ami. Le chevalier épouvanté s'excuse, proteste de ne l'avoir aucunement blessé. Il confesse son imposture et le motif qui l'y avait poussé. Danayn confus demande pardon à Gyron de la manière injurieuse dont il lui a parlé, le supplie de ne pas lui retirer son amitié dont rien au monde ne saurait le dédommager. Gyron répond qu'il a mérité les injures de Danayn, et que quand même celui-ci l'aurait tué, d'après les apparences, personne ne l'aurait blâmé. Quelques gens de l'escorte de la Dame de Malohaut dispersée par Messire Lac, auxquels se sont réunis quelques vassaux du château, viennent pour tâcher de recouvrer leur Dame. Grande est leur joie de la retrouver avec son mari. Danayn leur fait transporter à son château Gyron sur une *bière* (litière) chevaleresque, à laquelle il fait atteler deux chevaux, l'un devant et l'autre derrière. Gyron, parfaitement soigné, resta néanmoins deux mois avant que sa plaie fût guérie, et qu'il pût porter des armes.

Or, dans un autre château, non loin de Malohaut, demeurait une demoiselle d'une extrême beauté qui était appelée *Bloie* (1). Cette demoiselle avait dans

(1) Le texte s'exprime ainsi : « A chelui tans avoit pres de Malohaut une damoisele si bele et si avenant come li contes nous a deuisé cha arriere. Ce estoit cele damoisele ki bloie estoit apelée

un temps accueilli chez elle Gyron blessé grièvement, sans savoir toutefois son nom. Elle avait pris de l'amour pour lui et lui en avait inspiré. En partant il lui avait promis de retourner bientôt; mais la Dame de Malohaut lui avait fait oublier cet engagement et la demoiselle. Ayant su que ce chevalier est à Malohaut, elle lui dépêche un jeune homme, son cousin, pour lui rappeler sa promesse. Gyron apprend avec plaisir des nouvelles de la demoiselle, s'excuse d'avoir tant

ensi come la dame de Malohaut, etc. » Le nom de *bloie* ou *bloye* n'était donc pas particulier à cette demoiselle, ainsi que l'a cru mal à propos l'auteur de l'extrait de *Gyron le Courtois* qui se lit dans la *Bibliothèque Universelle des Romans*, puisqu'on le donnait également à la Dame de Malohaut. En voici l'explication. *Bloie* (en romane provençale, *Bloy*) n'est pas un nom propre; c'est un adjectif qui, en romane française, signifie également *belle et blonde*. Ainsi ce surnom pouvait être aussi bien appliqué à la Dame de Malohaut avantagée des dons de la nature. Au reste, dans le moyen-âge, la qualification de *belle* supposait nécessairement celle de *blonde*. Les poëtes, les chansonniers, les romanciers de cette époque sont unanimes sur l'éloge des cheveux *dorés*; et même dans le *Jeu d'Adam de la Halle* les cheveux *noirs* sont présentés comme une marque de laideur, ou du moins un défaut de beauté ;

<blockquote>Si crin (*de Dame Marie*) senloient reluisans
D'*or*, et crespé et frémiant
Or sont keu, *noir* et pendic.</blockquote>

Aussi dépeignent-ils blondes les beautés des cycles chevaleresques : dans celui des *Amadis*, Oriane, Briolanie, Gradafilée, Niquée, Silvie, Alastraxarée, Hélène d'Apollonie, Diane et autres; dans celui de la *Table Ronde*, Iseult d'Irlande, la Reine Genièvre, la fée Mourgues ou Mourgain, Viviane la Dame du Lac etc ; dans le *cycle Carlovingien*, Mélisandre femme de Galiferos; Alde surnommée indifféremment *Alde la belle* et *Alde la blonde*, Bradamante, Marphise, les fées Morgane et Alcine, sans en excepter la belle Angélique Reine du Cathai, chinoise par conséquent, contrée où certainement cette couleur de cheveux n'est guère commune. Ajoutons encore Herminie, Princesse tardé. Il proteste qu'il se mettrait en route sans plus de délai, si ses blessures le lui permettaient, et qu'aussitôt qu'il le pourra il ira s'acquitter auprès d'elle; qu'en attendant il lui enverra Danayn, Sire de Malohaut, son ami le plus cher, pour l'assurer de son souvenir et de ses sentiments (*pour la reconforter*

d'Antioche, Armide nièce du Roi de Damas, Nicolete nièce du Roi de Carthage et amante d'Aucassin, etc. Enfin Don Quichotte, lui-même, se croit obligé de dépeindre sa Dulcinée avec des cheveux d'or, *Que sus cabellos son de oro*; et il n'y a pas jusqu'à Sancho Pansa, qui, en remarquant la beauté de Quiterie, ne dise qu'il n'a vu de sa vie des cheveux aussi longs ni aussi blonds dorés. *O hideputa y que cabellos, qui sino son postizos, non los he visto mas luengos, ni mas rubios, en toda mi vida.* Il en était de même dans l'antiquité. Sont représentées blondes Cérès, Minerve, Vénus, Hébé, l'Aurore, Psyché, Ariane, OEnone, Hélène, Briséïs, Didon, Aspasie de Milet, etc. Toutefois Léda était brune. Ovide (*Amores, lib.* X, *Eleg.* IV, vers. 41, dit :
    Leda fuit *nigrâ* conspicienda *comâ*.
De nos jours encore le mot anglais *fair*, appliqué à une femme, a la double signification de *belle* et de *blonde*. — A cela j'ajouterai ce qui suit : « L'auteur du grand *Etymologicon* dit que le fleuve Scamandre
« fut depuis appelé *Xanthus*, à cause que les trois Déesses (Junon,
« Minerve et Vénus) avant de se présenter à Pâris, pour être jugées,
« s'allèrent laver dans ce fleuve qui rendit leurs cheveux blonds.....
« Le Scholiaste d'Homère, sur le 21mo livre de l'Iliade, rapporte
« qu'....il fut nommé *Xanthus* parce que les femmes troiennes se
« lavant de son eau, faisaient devenir leurs cheveux blonds.... Je
« pourrais rapporter à ce propos une infinité de passages d'anciens
« poëtes, qui donnent cette épithète aux cheveux dont ils veulent
« louer la beauté. » (*Commentaire sur les Epistres d'Ovide par Bachet sieur de Méziriac.* La Haye, du Sauzet, 1716, 2 vol. in-8°, tom I, pages 422 et 423.

Observons que dans ce roman de Gyron, presque aucune dame ni demoiselle (et il y en a un grand nombre) ne porte un nom propre. La femme de Danayn-le-Roux n'y est appelée que *la Dame de Malohaut*. L'amante de Fébus-le-Fort, n'a d'autre dénomination que *la bele damoisele fille du Roi de Norhomberlande*.

de sa part). Le cousin s'en va tout joyeux d'avoir si bien réussi. Gyron charge en effet Danayn de visiter la demoiselle de sa part, et lui recommande de ne pas rester plus de deux jours sans venir lui rendre compte de son message. Danayn accepte la commission de son ami ; il se présente devant la demoiselle, mais ébloui de sa beauté, enflammé d'amour, il ne songe plus qu'à la ravir, sans plus se soucier de Gyron ni de la Dame de Malohaut, son épouse. L'absence de quelques feuillets déchirés me prive de rapporter les moyens qu'il emploie pour venir à bout de ses desseins et tromper la demoiselle. Gyron est étonné de ne voir pas revenir Danayn au terme convenu. Le quatrième jour se sentant guéri et ses forces revenues, il prend le parti d'aller s'assurer par lui-même de ce qui a pu occasionner ce retard. Il se couvre d'armes noires et part. Diverses aventures le détournent de sa route. Dans l'une, après s'être défait de trente soldats et de trente six chevaliers, il désarçonne, sans les connaître et sans en être connu, Messire Lac, Hélymann le Bloi, Danayn-le-Roux et Amant de Lespine. Un chevalier, ignorant qu'il parle à Gyron lui-même, l'instruit de la perfidie de Danayn, qu'il a apprise de la propre bouche de la demoiselle Bloie. Elle lui a conté mot à mot comment Danayn l'avait vilainement trahie. Elle lui dit de plus que Danayn, soit à cause du blâme qu'il a encouru, soit pour le *doute* de son compagnon, n'osant pas retourner à Malohaut jusqu'à ce que le temps eût tout calmé, avait l'intention de se diriger vers le pays de Sorelois. Danayn étant survenu, avait attaqué ce chevalier, l'avait terrassé et s'était éloigné avec la demoiselle. Là dessus, notre héros se détermine à poursuivre son infidèle ami.

Je passe sous silence une série d'aventures chevaleresques, pour ne pas fatiguer votre attention. D'ailleurs la défectuosité du manuscrit m'en rendrait la tâche assez difficile. Au reste, nombre de ces aventures, en partie antérieures à la période qu'embrasse le corps du livre, ne se passent pas sous les yeux du lecteur; je veux dire que l'auteur ne les récite pas immédiatement et selon qu'elles sont censées se passer, mais que c'est un chevalier qui raconte à un ou à plusieurs autres une aventure à laquelle il a assisté, soit comme acteur, soit comme témoin. Ces récits sont fréquents, car ces guerriers sont passablement bavards et curieux, et ils n'aiment pas moins à parler qu'à se battre. Leurs conversations sont longues et en général sur le ton de la raillerie : ils se plaisent à *gaber* (1). Je me tais sur les bizarreries dont souvent leurs actions sont empreintes. Les héros en sont, outre ceux que nous connaissons déjà, *Hector-le-Brun, Galehaut-le-Brun, Branor-le-Brun,*

---

(1) Quand le comte de Tressan, dans son extrait du roman de *Tristan*, prétend que le mot *persifler* est celui qui répond le mieux à l'ancien verbe *gaber*, il se méprend étrangement. *Railler, plaisanter*, qu'il semble rejeter, en approchant davantage. Mais, à mon avis, *gausser, gasconner* c'est-à-dire, dire *des gasconnades* sont ceux qui rendent le mieux l'ancienne expression.

le Roi d'Estrangorre dit le Chevalier sans peur, *le Morhous d'Irlande*, *Adalons-le-Beau de Listerrois*, le Roi de France (*Pharamons*), *Bréhus-sans-pitié*, *etc.* Ce dernier, bon chevalier, mais dont la cruauté et la félonie sont célèbres dans les romans de la Table-Ronde, devenu amoureux d'une demoiselle, change de manières en sa faveur, et se montre même courtois et généreux. Il n'en est guère récompensé, car cette demoiselle, qui d'abord se croyait perdue, en se voyant à sa merci, peu sensible à son amour et à ses bons procédés, ne cherche qu'à se débarrasser de lui. Un jour qu'ils sont sortis ensemble, Bréhus s'étant écarté momentanément, elle découvre sur une roche l'ouverture d'une caverne profonde, et au retour du chevalier, lui fait un récit controuvé d'une très-belle demoiselle qu'elle a aperçue en bas et à qui elle a tenté vainement de parler. Bréhus, emporté par la curiosité, veut s'introduire dans la caverne. A cet effet il coupe une branche d'arbre dont il arrête un bout à un des bords de la roche, se suspend à l'autre bout et se laisse glisser dedans. La demoiselle, qui voulait *qu'il se brisât le cou*, dit l'auteur, laisse aller la branche après lui, ne doutant pas qu'il ne périsse en tombant de si haut. L'Arioste a visiblement imité cette aventure à la fin du second chant de son poëme immortel, où Pinabel après avoir fait accroire à Bradamante qu'une belle demoiselle était enfermée malgré elle dans une grotte, précipite la guerrière au fond, en lâchant la branche d'arbre au moyen de laquelle elle prétendait y descendre. Cette situation n'est pas la seule que le cygne de Reggio ait empruntée aux Romans de la Table-Ronde qu'il avait lus avec attention. Je le prouverai par quelques citations prises dans notre roman de *Gyron* et dans d'autres. Le combat du *Mourhous d'Irlande* contre un chevalier qu'il blesse à mort, lequel voulait trancher la tête à *Elyde* de la même épée dont elle avait fait périr son frère à lui, et la perfidie de celle-ci qui, pour récompense, livre le Mourhous au père de ce chevalier en lui faisant savoir que c'est le meurtrier de son fils, ont évidemment fourni au poëte italien l'épisode de *Zerbin* défendant *Gabrine* contre *Hermonide de Hollande* qui avait à venger la mort de son frère empoisonné par cette mégère laquelle, en reconnaissance, cherche à procurer la mort de Zerbin, en l'accusant auprès du comte *Anselme de Hauterive* d'avoir tué son fils *Pinabel* (1). Le trait qu'on y lit d'*Alphazar-le-Mesconnu* qui en s'éveillant ne trouve pas sa femme auprès de lui et la surprend entre les bras d'un vilain nain, n'aurait-il pas suggéré au même poëte le conte de *Joconde* (2)? La trahison d'*Oderic de Biscaye* qui, chargé par *Zerbin* Prince d'Écosse d'enlever de son gré *Isabelle* son amante, veut se l'approprier et, à la suite de ce, est amené prisonnier devant le prince

---

(1) *Orlando furioso*, Cant. XXI et XXII.
(2) Id., Cant. XXVIII. L'Arioste ne saurait en avoir pris l'idée dans les *Mille et une Nuits*, cet ouvrage n'ayant été connu que bien longtemps après.

par *Almoin* et *Corèbe* (1), ressemble fort à la tromperie faite au Roi *Karados-Brisebras* qui, se confiant en un ami pour lui conduire une demoiselle qu'il aimait et dont il était aimé, est trahi par cet ami lequel entreprend de la garder pour lui, ce dont il reçoit la punition, perdant la vie par les mains d'un autre chevalier serviteur fidèle de Karados. Le combat de *Marphise* en Syrie contre les neuf guerriers de la cité et ensuite contre le jeune *Guidon le Sauvage* (2) a beaucoup de rapport avec le combat de Gyron contre les neuf chevaliers et ensuite contre le jeune *Fébus*, fils de *Galehaut-le-Brun*, défendant le *passage périlleux*. La folie de *Roland* est imitée de celle dans laquelle tomba *Lancelot du Lac* banni par *Genièvre* (3), ou de la frénésie qui s'empara de *Tristan de Leonnois* lorsqu'il crut qu'*Iseult* l'avait délaissé pour *Kaedin* (4). Dans le vase qu'un seigneur châtelain présente à *Renaud de Montauban* et qui, bu sans que la liqueur contenue se répande, l'assurera de la fidélité de sa femme (5), ne reconnaît-on pas la corne enchantée destinée par *Morgain* pour la cour du Roi *Artus*, afin que les femmes en y buvant donnent à leurs maris un gage

---

(1) Id., *Cant*. XIII et XXIV.

(2) Id., *Cant*. XIX et XX.

(3) *Roman de Lancelot du Lac*.

(4) *Roman de Tristan de Léonnois*.

(5) *Orlando furioso, Cant*. XLII et XLIII. Disons, pour être justes, que l'Arioste semble indiquer, lui-même, son imitation dans la 28me stance de ce Chant XLIII.

de foi conjugale (1). Enfin l'épisode de *Grifon-le-blanc* avec *Origile* et *Martan* (2) est tiré presque littéralement du récit que fait le Roi Méliadus (3) d'un affront à lui avenu par la malice d'une fausse demoiselle et la perfidie d'un vil chevalier.

Du reste la chute de Bréhus n'est pas mortelle. Revenu à lui, et cherchant une issue, il découvre des appartements magnifiques et merveilleux. Il trouve ensuite trois chevaliers courbés sous le poids de l'âge, qui s'étaient retirés dans cette caverne comme dans un hermitage. Ce sont l'aïeul, le père et le cousin germain de Gyron le Courtois, dont l'auteur ne juge pas à propos de nous apprendre les noms. Le premier, interrogé par Bréhus au sujet des superbes tombeaux et des grands corps morts que ce dernier avait remarqués dans les appartements de la caverne, lui

---

(1) *Mourgues* ou *Morgain*, la Fée, sœur d'*Artus*, fut surprise au lit avec le chevalier *Guiomars*, par la Reine *Genièvre* qui eut l'imprudence d'ébruiter la honte de sa belle-sœur. Morgain, pour se venger, fabriqua cette corne enchantée et l'envoya par un chevalier à la cour d'Artus, afin que l'infidélité de Genièvre, femme du Roi, et ses amours avec Lancelot du Lac fussent découvertes. L'Amoral de Galles rencontra ce chevalier. Ayant su l'objet de ce message, et craignant que par le même moyen ses amours avec Anna, femme du Roi Loth, ne vinssent à la connaissance de celui-ci, il obligea le messager à changer sa destination et à se diriger vers la cour de Marc, Roi de Cornouailles. (*Roman de Tristan de Léonnois*, *Première Partie*). Une épreuve semblable est racontée dans le roman de *Perceval le Gallois*.

(2) *Orlando Furioso*, Cant. XV et XVI.

(3) *Roman de Méliadus*, chap. XL.

fait l'histoire de *Fébus-le-Fort* (1) son père, fils aîné de *Crudéus*, Roi de France. Ici ce n'est plus, comme dans d'autres romans, et même dans celui-ci de *Gyron*, un chevalier qui seul vient à bout de vaincre vingt, trente, ou quarante guerriers. Fébus-le-Fort, dédaignant une couronne qu'il tient de la naissance, veut n'en devoir qu'à sa valeur. Il rassemble quarante de ses parents et passe dans la Grande-Bretagne pour y conquérir des royaumes. Les Rois de Galles, de Norgalles et de Norhomberlande (*Nortumberland*), tous les trois frères et payens, s'opposent à lui avec une armée de quinze mille hommes. La petite troupe des parents de Fébus, effrayée de la disproportion de leur nombre avec celui des ennemis, lui remontre la témérité qu'il y aurait à livrer bataille. Fébus irrité leur reproche leur lâcheté et leur intime de se préparer tous ensemble à combattre contre lui seul; disposé, après qu'il les aura tous mis à mort, à affronter l'armée payenne, sûr, qu'il est, de la déconfire. Les parents de Fébus, consternés de cette résolution, s'accordent à le suivre et déclarent qu'ils aiment mieux mourir sur le champ de bataille plutôt que de l'abandonner. La bataille se livre. Fébus tue les Rois de Galles, de Norgalles et anéantit l'armée ennemie.

(1) Saverio Quadrio (*Della storia e della Ragione d'ogni Poesia*, tom. IV, ou soit vol. VI pag. 511), nous apprend que chez Antonio Magliabecchi à Florence il se conservait un roman en stances de huit vers, intitulé *Febus il Forte*, dont l'auteur n'est pas connu. Giovanni Mazzuolo, dit le *Stradino*, estimait que c'était là le premier ouvrage qui eût été composé *in ottava rima*.

Il assiége le Roi de Norhomberlande, le seul des trois frères qui se soit sauvé, retiré dans une forteresse, et le somme de se rendre. Le Roi épouvanté a heureusement une fille d'une beauté incomparable. Députée par son père à Fébus, celui-ci en devient éperdûment amoureux, lui accorde ce qu'elle lui demande et la requiert à son tour de correspondre à son amour. Le roi y consentirait ; mais la fille qui ne pardonnait pas à Fébus la mort de ses deux oncles et l'extrémité où il avait réduit son père, espérant venir à bout de le faire succomber, lui impose auparavant les entreprises les plus périlleuses. Il les met facilement à fin. Ne pouvant plus reculer, elle promet de venir le trouver : elle l'amuse ainsi long-temps. Fébus dompté par l'amour, désolé de ne pas voir arriver son amante dans la caverne où elle lui avait mandé de l'attendre, et qui est celle-là même où se sont retirés depuis les parents de Gyron, tombe malade. Avertie du danger, la Princesse se décide enfin à partir ; elle se hâte. Hélas ! il est trop tard. A peine arrivée, Fébus rend le dernier soupir. Un changement soudain s'opère dans le cœur de la Princesse. Elle se reproche la mort d'un tel héros et, renonçant au monde, s'établit dans la caverne où est enseveli celui qui est mort pour elle et où son dessein formel est d'être ensevelie elle-même, ce qui a lieu peu de temps après. Pour en finir avec Bréhus, les solitaires le font sortir par une issue donnant sur la campagne.

Revenons maintenant à Gyron que l'histoire de Fébus nous a fait perdre de vue. Nous l'avons laissé à la quête de la demoiselle Bloie son amante, dérobée par le traître Danayn. Un long espace de temps s'écoule dans cette recherche infructueuse. Il les rencontre à la fin. Un combat terrible s'engage entre les deux rivaux. Les deux premiers assauts, précédés de justes reproches d'une part, et de mauvaises excuses de l'autre, ne laissent paraître d'avantage pour aucun d'eux. Le troisième assaut est décisif. Dès le début Danayn est renversé ; son heaume lui est arraché. Gyron, prêt à lui trancher la tête, sent son cœur partagé entre la pitié et l'envie de venger son affront. Une réflexion vient se joindre au premier sentiment, c'est le dommage qu'éprouverait la chevalerie de la perte d'un champion aussi preux que Danayn. Il le laissera vivre pour cette raison. Danayn ne doit pas en savoir gré à lui Gyron, mais à la chevalerie. Jamais Gyron ne l'aimera. Danayn ne mourra pas de sa main ; mais si quelqu'un autre attentait à ses jours devant lui Gyron, il ne s'entremettrait nullement de le secourir. Après cette déclaration Gyron part avec la demoiselle Bloie bien contente d'être réunie à son amant. Mais, avant de s'éloigner tout à fait, il délivre Danayn, blessé trop fortement pour se défendre, d'un géant qui l'emportait, sa générosité étant plus forte que sa première résolution. Cette courtoisie de Gyron ne resta pas sans récompense. Quelque temps après, surpris en trahison la nuit dans son lit par un chevalier perfide nommé *Helins-le-Roux*, peu auparavant sauvé de mort par lui, lequel l'avait invité à venir se reposer dans son château, et exposé ainsi que la demoiselle Bloie, l'un et l'autre liés et lui dépouillé, à l'intempérie d'un hiver rigoureux, Danayn-le-Roux, guéri de ses blessures, les délivra et, par ce secours inespéré, mérita de regagner l'amitié de Gyron. Le romancier a soin de nous informer que ce même an que Gyron recouvra la demoiselle Bloie, elle eut de lui un enfant qui, venu en âge fut étrangement bon chevalier, sut chanter et jouer de toutes sortes d'instruments. Il eût été hautement renommé, s'il n'avait été félon et cruel au point de ne pas épargner le sexe même qu'il eût dû protéger, il fut appelé *Hélynans le Noir*, *le Léger*. Le surnom de *Noir* lui fut donné parce qu'il était un peu brun, au lieu que son père était merveilleusement blanc.

L'amitié étant ainsi renouée entre Gyron et Danayn, ils chevauchent ensemble jusqu'à une forêt. Là ils voient un perron de marbre devant l'entrée commune de deux routes divergentes. Une inscription gravée sur le marbre avertit que c'est là *la forêt des deux voies* ; qu'elles conduisent à des périls insurmontables et, qu'une fois engagé dans l'une ou dans l'autre, il n'est plus loisible de retourner en arrière. D'après les règles de la chevalerie errante, les deux compagnons sont dans l'obligation de se séparer et de prendre chacun une route différente. Danayn choisit celle à droite. Agité du pressentiment qu'il ne pourra s'en tirer, il prie Gyron, qui par sa prouesse surmontera tous les dangers, de venir à son secours. Gyron lui promet qu'au sortir de cette aventure, si Danayn n'est pas revenu à son château de Malohaut, au bout d'un mois, il se mettra en chemin pour parvenir jusqu'à lui. Un peu rassuré par cette promesse, Danayn pénètre dans la voie à droite. Après avoir dépassé la forêt, il parvient à une vallée où s'élèvent deux tours séparées par une rivière. Une de ces tours est habitée par quinze demoiselles sœurs. Danayn, épris aussitôt d'*Albe*, l'une d'elles, entreprend leur défense contre les chevaliers de l'autre tour avec qui elles étaient en guerre permanente. Pendant plusieurs mois il a constamment l'avantage et met hors de combat successivement quarante-cinq chevaliers. Moins heureux contre le quarante-sixième, il est renversé de son cheval sans connaissance, pris et forcé, pour ne pas être renfermé dans une prison, d'engager sa foi aux chevaliers de la tour, qu'il avait combattus jusqu'alors, contre les demoiselles qu'il aimait tant. Il resta ainsi dix ans privé de sa liberté. Les fragments du Manuscrit nous laissent dans l'ignorance sur la manière dont il fut délivré de cette captivité et sur le nom du chevalier qui avait triomphé de lui aussi promptement. Ce qu'il y a de positif, c'est que ce ne pouvait pas être Gyron, ainsi que nous allons le voir.

La voie à droite ayant été choisie par Danayn, Gyron avait tenu la gauche. Il arrive devant une forte tour. Des hommes établis aux créneaux, le voyant avancer, l'accablent d'injures. Quoique courroucé, comme de raison, il ne répond rien. A mesure qu'il s'approche, la porte de la tour s'ouvre et il en sort un chevalier armé, monté sur un grand destrier, qui lui crie de s'apprêter à jouter contre lui : c'est le Seigneur de la tour. Gyron le désarçonne tout étourdi d'un coup de lance. Un combat à pied succède. Gyron lui assène sur le heaume un coup d'épée qui le fait tomber par terre, le saisit au heaume qu'il lui arrache et le force à crier merci. Il lui fait grâce sous la condition que dorénavant il n'arrêtera au passage aucun chevalier errant et ne souffrira pas qu'aucun des siens lui dise des vilenies. Le Sire de la tour le promet *loyamment*, dit-il, et exalte la valeur et la courtoisie de Gyron à son égard. Il le supplie de lui faire tant d'honneur que de loger cette nuit dans son hôtel, d'autant qu'il doit être fatigué du mauvais chemin et avoir besoin de repos. Gyron accède à son invitation. Reçu dans la tour avec les plus grands égards, lui et la demoiselle Bloie sont conduits après souper dans une belle chambre. Dès qu'ils sont endormis, on lui enlève ses armes, et on les laisse dans cette chambre dont la porte de fer se ferme par dehors. L'écuyer de Gyron est aussi pris et mis dans une autre prison ; car on craignait que, s'il s'échappait, il n'allât avertir les chevaliers errants de l'accident arrivé à son maître. Gyron, à son réveil, eut à gémir de n'avoir pas su se défier d'un personnage dont il avait déjà éprouvé la vilenie, ce qui aurait dû le prémunir contre lui, surtout en se souvenant de ce qui lui était arrivé, il n'y avait pas long-temps, chez Hellins-le-Roux. Pour surcroît d'infortune, Gyron eut la douleur de perdre son amante morte en couche d'*Hélynans le Noir* qu'elle avait eu de Gyron *proprement*. Comme l'enfant était très-beau, *Calynans*, le Sire de la tour, le fit nourrir à sa sœur, femme encore plus déloyale, plus félonne et plus cruelle que son frère. Et ce fut de ce mauvais sang, de cette mauvaise nourriture que vinrent à Hélynans toutes ses méchantes qualités, tandis qu'il tint de son père sa grande force et sa vaillantise. Un tombeau fut élevé à la demoiselle Bloie, et à cause de la grande beauté dont elle avait paru au Sire de la tour, il y fit graver cette épitaphe : *Chi gist la merueille de tot le monde*. L'ouvrier chargé de ce travail, en gravant ces mots sur la pierre, changea une lettre, mettant : *chr.* (1) *gist la merueille de tot le monde*. Cette erreur fut favorable à Gyron dont elle procura la délivrance au bout de sept ans. Le vaillant *Lancelot du Lac*, passant par là, lut l'inscription et,

---

(1) Abréviation du mot *chevalier*. Au reste, j'ai été obligé de deviner en quelque sorte, le feuillet du manuscrit étant singulièrement effacé et détérioré, en sorte que la troisième lettre de l'abréviation n'offre que le premier jambage. Mais j'ai été guidé par le texte qui dit: « Chil qui les lettres entaille en mue une sen le parole quant il entailla la pierre. » Littérallement : *Celui qui grava les lettres en changea une sans* (mais non) *les mots* : et j'ai été entièrement déterminé par le sens de ce qui suit : « Li bons chevaliers li vaillans
« qui puis uint à la lame che fu Lancelot du Lac deliura puis Güron
« pour accoison de cheste parole. »

croyant qu'elle indiquait qu'un chevalier illustre était là détenu, eut occasion de rendre Gyron à la liberté. Cet événement n'est pas ici raconté, mais seulement annoncé comme devant l'être en temps et lieu.

Ici je suis forcé de m'arrêter, le Manuscrit de la Bibliothèque publique de Marseille n'allant pas plus loin. Mais on voit, par la fin du dernier feuillet restant, que les suivants contenaient la relation des aventures de Méliadus dans sa quête de Gyron.

Il me reste à dire quelque chose du style de Hélie de Borron, auteur de notre roman de *Gyron*. Il est lâche et diffus, défaut commun chez les écrivains de cette époque qui, loin de se piquer de concision, s'étudiaient, au contraire, à délayer et traîner en longueur leurs récits, s'imaginant par là montrer l'abondance de leur diction. Des phrases allongées à satiété, surchargées de redites, leur paraissaient des titres à passer pour diserts et éloquents. Ils se figuraient représenter d'autant mieux une image, une idée, et la rendre avec plus de force et d'énergie, qu'ils répétaient plus de fois les termes servant à l'exprimer. Des narrations, quoique calquées en quelque sorte les unes sur les autres, étaient à leurs yeux des marques d'une imagination vive et féconde. Hélie ne se fait point de peine d'employer les mêmes tours de phrases, les mêmes expressions dont il s'est déjà servi dans des occasions pareilles, comme si c'étaient des formules dont il ne pût et ne dût pas s'écarter. Deux chevaliers joutent-ils ensemble? C'est toujours

la même phrase bannale à quelques mots près qu'il se permet parfois de varier : « il ne font autre demou-
« ranche, ains laissent corre li uns contre lautre tout
« come il peuent des cevaux traire et quant ce uint as
« glayves baissier, il s'entrefierent de toute la forche
« quil ont. Li chevaliers fu ferus de cele iouste
« si roidement quil not forche ne pooir a cele fois
« quil se puisse tenir en sele, ains vole à tere main-
« tenant. » En exemple de la prolixité et du rabachage de notre romancier, je rapporterai la manière dont Fébus-le-Fort exprime son admiration pour la beauté de la fille du roi de Norhomberlande : « Sire com-
« pains, que diroie iou ? qui voldroit dire la *beauté*
« de ceste damoisele il porroit bien dire que si *bele*
« ne fu ne ne sera apres ceste. Len ne porroit pas
« dire par raison quele soit *bele* seulement, mais
« len puet seurement dire que ele est *bele* et pase
« *bele*. Onques si *bele* ne fu née et apres ceste ne venra
« nule si *bele*. Nature nen porroit jamais faire nule
« autele ne si *bele* ne si plaisant. » Le même Fébus, quoique mort depuis fort long-temps, est gisant dans son lit, bien conservé, et tient dans sa main un billet. Hélie de Borron, s'amusant à jouer sur les mots *la mort et lamor* (l'amour), lui fait dire : ....
« Et tout ces merueilles fis iou pour la coison de la
« bele damoisele de Norhomberlande pour qui *amor*
« iou fui puis *mort*. Iou fis pour *amor* tels merueilles
« que *morteil* houme ne le porroit faire, et puis
« fist *amor* tels merueilles de moy qu'il me fit morir.

« *Amor* qui est suer de la *mort* si est vengié sa suer.
« Et ensi fui iou *mort*. »

J'avoue pourtant que par fois le style de Hélie de Borron s'élève et prend de l'énergie. Voici comment il dépeint Gyron attaquant le neveu du Roi d'Écosse et les chevaliers de sa suite. Il faut savoir que le Roi Méliadus s'était offert à un chevalier nommé *Absalon* pour lui aider à recouvrer son amante *Thésalla* que le neveu du Roi d'Ecosse lui avait ravie. Ils succombent dans cette entreprise. Absalon est blessé à mort, et Méliadus finit par être pris et emmené. Dans la même journée Gyron instruit de l'événement court après eux, résolu de les délivrer. Je laisse parler notre auteur : « . . . . . atant es uos uenir entrels Guron,
« mais il ne uenoit pas a cestui point come houme qui
« demant pais, ains uint tout enteil maniere com son
« le cachast à la mort. Il uint come houme de pooir,
« com chevaliers de pris et de valor, et come le mil-
« leur sans doute qui aceluy tans fust el monde ; et
« pour ce quil conissoit ia bien en soi meisme que cil
« estoient chevalier de valor qui la damoisele con-
« duissoient, en commencha il celui fait plus aspre-
« ment quil neust fait en autre point, car il les volt
« metre en poor en sa uenue sil onques puet, et por
« ce uenoit il le lanche baissié, ferant des esperons
« com se la rage le cachast. Il semble bien en son
« uenir que la tere crollast sous luj. Puis qu'il fu
« venus en la presse, bien poes seurement dire que
« cil est ferus que il en contre. Il fiert en son uenir

« 1 chevalier qui parens estoit au roy descoche ; si le
« fist chair del cheual atere si felenessement que cil
« se brise le bras destre au chaoir qu'il fist. Quant
« il ot celui abatu, il ne sarreste pas sour lui, car
« petit sen prent garde, ains hurte le cheual des
« esperons, et en contre 1 autre à qui il fist asses pis
« qu'il nauoit fait acelui deuant, car il le feri si
« durement quil le mist la glayve parmi lecors, et
« autrebucher quil fist brisa son glayve, puis traist
« lespée et commencha a mostrer sa force et son
« hardement ; et il est si aparans entre ses anemis
« com est li lions entre les bestes et li leus entre les
« brebis, si quil semble de luy que cesoit fev et tem-
« peste. Et ont poor de mort tout cil qui son fait
« regardent; et sils ont poor che nest mie de merueil-
« le, car il voient apertement que il nen contre che-
« valier qui tant soit de grant pooir qui se puisse
« tenir ensele puis que Guron lateigne bien sour le
« heaume. Il fiert, mais ce nest mie a gas. Chelui
« qui rechoit 1 seul cop de sespée nen velt pas recheuoir
« 1 autre : trop sont pesant, trop sont morteil les
« cops quil done et vait partant ».

Gyron, par sa prouesse, ayant totalement défait
le neveu du Roi d'Écosse et ses gens, coupe la corde
dont le Roi Méliadus a les mains liées, ils accompa-
gnent la demoiselle à l'endroit où le premier combat
avait été fait le matin, pour voir si son amant Absalon conservait encore un reste de vie. Ils le trouvent
étendu mort au milieu du chemin. La complainte

douloureuse de Thésalla me paraît mériter d'être
transcrite en entier : « Quant la damoisele voit son
« ami ochis et gisant mort enmi le chemin, celuj
« meesme quele sieut plus amer que son cors, il li
« auint si grant dolor el cuer quele ne s'en pot re-
« conforter si a aisiement come eussent fait maintes
« damoiseles. Si chiet de son cheval atere moult mai-
« saisie durement, et quant ele reuint ele sen uint
« à son ami et li oste li heaume de la teste et troeve
« qu'il avait la bouche toute playne de sanc et les iex
« et lenes, et quant ele lot une pieche regardé si
« commenche moult durement à plourer et dist
« tout en plorant : Ha ! beaux amis, come uous aues
« chierement acatées li amors de moi ! si est la mort
« triste et amere. Amis beaus et cortois et senes, sages
« et vaillans et preus et hardis et bons chevaliers en
« toute guise, quant uous aues vostre iouveneche
« por moi perdue ateil destreche et ateil angoise come
« iou uoi tout apertement et tout clerement, que
« porrai-iou faire pour uous? Iou uoeil faire compai-
« gnie auos, car uostre beautés est perie pour la-
« moie amor ; vostre char engist chi sanglante. Bien
« porra dire des oremais cil qui saura ceste auenture
« que voyrement aues uos trop chièrement achatée
« lamor de moy. Amis, nous fumes norri ensemble.
« Jou ne sauoie que estoit amor quant iou mis mon
« cuer enuous amer; uous seul amai iou sans fauser ;
« ne iou en toute ma vie namai autre que uous ; et
« iou sauoie cherlaynement que uos onques namaste

« autre que moy. Amis, iou ne fui onques lie se
« deuous seulement non, ne nemeuint ne leeche ne
« aie ne autre ioie en cest monde fors que deuous.
« Vous fustes maioie et mon solas, si com on puet
« auoir ioie de uoir et de parler sans fauser d'autre
« chose. Amis, tant come uous fustes vis, fustes vous
« miens en volonté, et ala mort fustes uous miens
« apertement ; encore enportes uous apertes ensei-
« gnes trop dolereuses. Amis, la vostre mort sans
« faille et le martyre dolereux que iou uoi que uous
« aues soffert pour moi si est entres ens en mon cuer
« si estrangement quil n'en porroit jamais issir tant
« come iou euisse lauie elcors. Ce ke iou uoi de
« uous mochist, et lamort me tient dedens le cuer,
« et tost leporra len uoir. » Ce morceau est vraiment
touchant et plein de naturel. Point de faux brillant,
rien de recherché ; le sentiment seul y parle. Si l'ouvrage était écrit d'un bout à l'autre sur ce ton, il méri-
terait une distinction toute particulière dans son genre.

Thésalla ne démentit pas ce que ses dernières
paroles présageaient. Après avoir prié Méliadus de
la réunir dans la même tombe avec Absalon, elle
embrasse le corps inanimé de son amant et expire de
douleur sur lui. Gyron qui, aux vertus du guerrier
joignait les talents de la poésie et de la musique,
composa sur leurs amours le *Lai des deux Amans*,
dont il fit les paroles et le chant (1). Ce lai ne se trou-

(1) La poésie et la musique entraient dans l'éducation des jeunes
gens d'un certain rang : on en remarque de nombreux exemples

ve pas dans les fragments du Manuscrit de la Bibliothèque publique de Marseille (1).

L'auteur s'attache à justifier en la personne de Gyron le surnom de *Courtois* dont il le qualifie ; mais lui-même ne se montre guère courtois envers les femmes qu'il présente sous le jour le plus défavorable ; fausses, déloyales, traîtresses envers les chevaliers à qui elles sont redevables, et dont elles procurent l'emprisonnement et même la mort. Les exceptions à ce tableau sont rares et se réduisent à peu près à la demoiselle Bloie qui, dit-il, « moult estoit douche et débonaire » et à Thésalla ; et, tout en louant celle-ci de sa fidélité et de son affliction à la vue de son amant mort pour elle, il laisse échapper cette réflexion satirique et peu obligeante pour les femmes : « Ele ne sen pot reconforter si aisiement « *come eussent fait maintes autres damoiseles.* » Au reste, la demoiselle Bloie, malgré tout son amour

---

dans les livres de chevalerie. Les anciens romanciers ont célébré à l'envi les talents en ce genre de *Tristan de Léonnois*. Dans les romans en prose de ses gestes sont imprimés plusieurs lais, entr'autres *le Lai mortel*, dont il est dit l'auteur. Le roman des *Amadis* rapporte aussi plusieurs chansons et complaintes comme étant de la composition des princes de cette famille.

(1) On a aussi de Marie de France, femme poëte du XIIIme siècle, un *Lai des deux Amans*, que l'Abbé de la Rue (*Essais historiques sur les Bardes, les Jongleurs et les Trouvères Normands, et Anglo-Normands*, etc., Caen, Marcel, 1814, 3 *vol. in-8°*, tom. III, *pag.* 59) croit être pris dans l'histoire ecclésiastique de Normandie. Il ajoute qu'on voit encore auprès de Rouen *le Prieuré des deux Amants* que la tradition dit fondé dans le lieu même où ils périrent, et sur le tombeau qui les renferme l'un et l'autre.

pour Gyron, n'en souffre pas moins la violence de Danayn-le-Roux, ce que l'auteur fait entendre par ces paroles que dit ce chevalier à Gyron pour tâcher de s'excuser : « Qui est ou li cheualier si triste ne « si vil en cest monde si dolent ne si failli de cuer « qui se tenist si bele damoisele o lui seul a seul come « est cele que tu la vois qui *len laissat aler pucele ?* » et par l'avertissement qu'il donne au lecteur, qu'après que Gyron eut repris à Danayn cette demoiselle Bloie, « En celuy an proprement ot cele damoisele « vn enfant de Guron, etc. » pour indiquer que Danayn n'y eut aucune part. Quant à la Dame de Malohaut, elle ne joue pas précisément un role odieux ; mais, si elle n'outrage pas son mari, et si elle ne fait pas de Gyron son complice, l'on peut dire qu'il ne tient pas à elle.

ÉCLAIRCISSEMENTS ET PREUVES.

N° 1. Une bévue des plus étranges est celle des Bibliographes qui font le chevalier *Branor-le-Brun* auteur du Roman de *Gyron-le-Courtois*. Ainsi Lenglet du Fresnoy (*Bibliothèque des Romans*, tom. 11, pag. 177), et Debure le jeune (*Bibliogr. instruct.* n° 3790), l'annoncent avec l'intitulé suivant : « Histoire de « Gyron le Courtois, translatée de Branor le Brun, « le vieil Chevalier, qui avoit plus de cent ans d'âge, « lequel vint à la cour du Roi Artus, accompagné « d'une Demoiselle, pour s'éprouver à l'encontre « des jeunes Chevaliers ; lesquels etoient les plus « vaillants, ou les jeunes ou les vieux ; et comment « il abatit le Roy Artus et quatorze Roys qui en sa « compagnie étoient et tous les Chevaliers de la « Table-Ronde, de coups de lance etc. » Ils ont été suivis par les rédacteurs des Catalogues de livres de Hoym, n° 2739 ; de Madame de Pompadour, n° 1610 ; de Filheul, n° 1665 ; l'auteur de l'extrait du *Roman de Gyron*, inséré dans la *Bibliothèque Universelle des Romans*, par Bastide et autres, 1ᵉʳ *volume d'octobre* 1776 ; Saverio Quadrio (*Della Storia e della Ragione d'ogni Poesia*, tom. IV ou vol. VI, pag. 510 et suivantes) ; A. A. Barbier (*Diction. des Ouvrages anonymes*. Paris, 1806, 4 vol. in 8°. n° 9757). De plus, à la fin de ces ouvrages, *Branor-le-Brun* est porté dans la table des Auteurs, comme étant celui

de *Gyron le Courtois*. Cette bévue est provenue
d'avoir mal conçu le commencement du roman imprimé qui est tel : « Cy commance lystoire de gyron
« le courtois. Et parle premierement le maistre qui le
« translata de branor le brun le vieil chevalier qui
« auoit plus de cent ans daage, etc. » Ces bibliographes n'ont pas compris que *de branor le brun* est le
régime du verbe *parle* et non de celui *translata*, et
que c'est comme s'il y avait : «...Et le maistre qui le
« translata parle premièrement de branor le brun,
« etc. » S'ils avaient poursuivi la lecture de la rubrique, elle leur aurait offert plus bas la phrase suivante qui les aurait fait s'apercevoir de leur méprise :
« .... Cestuy liure fu translaté du liure de monsei-
« gneur Edouart li roy dangleterre en celluy temps
« que il passa oultre la mer au seruice de nostre sei-
« gneur pour conquester le saint-sépulcre. Et maistre
« *Rusticiens de puise, compila ce rommant, etc.* »
Nous verrons ci-après, N° III, les différences notables
que présente ce préambule de l'édition imprimée, d'avec celui du texte manuscrit de Rusticiens de Pise. Ce
romancier nous apprend avoir fait sa compilation au
temps qu'Édouard passa dans la Terre-Sainte, ce qui eut
lieu en 1270, et il la termina après 1271, alors que ce
prince était monté sur le trône, puisqu'il le traite de
roi, ce qu'il devint par la mort de Henri III, son père,
décédé le 16 novembre de cette année. Il ne saurait
s'être écoulé l'intervalle d'un siècle environ depuis
l'époque où Hélie de Borron avait entrepris son travail

primitif, ce qui serait, si le roi Henri, par l'ordre de qui il l'avait fait (1), eût été Henri II, mort en 1189. J'en conclus : 1° Que ce fut Henri III qui le lui commanda ; 2° que Rusticiens de Pise a dû naître dans la première moitié du treizième siècle, car l'on doit supposer qu'il avait au moins vingt ans quand il se mit à l'ouvrage. M. Ginguené, auteur de l'article consacré à RUSTICIENS DE PISE, dans *la France Littéraire*, tom. xv, p. 497 et 498, n'a pas su tirer parti de ce passage de la rubrique, qu'il cite pourtant, et, à son ordinaire, accumule erreurs sur erreurs, ce que lui reproche M. Francisque Michel, dans la note 74 de l'*Introduction* mise en tête du *Recueil de ce qui reste des Poëmes sur Tristan*, etc. Londres, Pickering, 1835, 2 vol. pet. in-8°.

N° II. Oui, Hélie de Borron est le véritable auteur du roman en prose de *Gyron le Courtois*, et cela conste par le préambule du manuscrit, N° 6959 de la Bibliothèque du Roi (2). Cet auteur, après avoir cité les noms de ceux qui furent employés dans les traductions des livres latins de la Table Ronde, tels que Luces de Gaut (de Gast), Gasses-le-Blons, parent de Henri II, roi d'Angleterre, Gautier Map, Robert de Borron, continue : « Je HÉLIS DE BORRON,
« par la priere seigneur de Berron, et pource que
« compaignon d'armes fusmes longement encom-

(1) Voyez ci-après, N° III.
(2) Voyez les *Manuscrits François de la Bibliothèque du Roi, leur histoire, etc., par M. Paulin Paris*. Paris, Téchener, 1836-1842, 7 vol. in-8°, tom. I pag. 345-351.

« mençai mon livre du *Bret* (1) ; et quant je l'oi mené
« jusques en la fin..... messire li rois Henri, ...
« pource qu'il avoit oï tous les autres livres qui du
« livre du saint Graal estoient trait en françois devant
« lui, et le mien et les autres les avoit tous ; ne en-
« core n'estoient dedans tous ces livres ce que le latin
« devisoit, ains en restoit à translater moult grant
« partie ; et pour ce vost-il que je m'entremeisse à
« mon pooir de mener à fin tout ce qui en ces autres
« livres failloit..... Hui mais vueil-je..., mettre en
« autorité un livre grant et merveilleux tel que je le
« voi en latin.... de biaux dis et de courtois et de
« haus fais et de hautes œuvres sera cis miens livres
« estrais... autre proposement je n'ai fors à parler de
« courtoisie, et quant courtoisie est li chief de mon
« livre, or seroit bien raison et drois que je de cour-
« tois chevalier commençasse ma matere, et je si ferai
« sé je puis. De qui dirai-je et commencerai cest miens
« livres? Ce n'est mie de Lancelot, car maistre Gau-
« tiers Map en parle bien et souffisamment en son
« livre. De monseigneur Tristan n'est mie cestui
« mien livre, car el *Bret* en ai onques dit, et de li a
« on proprement un livre fait. Quel nom li porai-je
« donner? Tel comme il plera à monseigneur le roy
« Henri. Il vuelt que cestui mien livre qui de cour-
« toisie doit n'estre soit appelés *Palamedes*, pour ce
« que si courtois fu toutevoies Palamedes, que nus
« plus courtois chevaliers ne fu au temps le roy

(1) Branche du roman de *Tristan*. *Bret* est, je pense, une abréviation du mot *Breton*.

« Artus, et tel chevalier et si preu comme l'estoire
« vraie tesmoigne. Or dont quant a monseigneur plest
« que je cest mien livre commence el nom du bon
« Palamedes, et je le vueil commencier...... Si prie
« Dieu qu'il me doint cest mien ouvrage qui el nom
« de Palamedes est commenciée definir à m'onneur. »

« Qui ne croiroit, observe M. Paulin Paris, d'a-
« près la fin de ce long préambule, que le roman va
« traiter particulièrement des faits et gestes de Pa-
« lamèdes? Toutes les leçons que j'ai consultées
« portent ce nom de Palamèdes, et pourtant c'est
« une erreur évidente. Le second ouvrage d'Hélie de
« Borron (1) est consacré à *Guiron le Courtois*, et
« c'est le nom de ce chevalier qu'on devroit natu-
« rellement lire au lieu de celui de Palamèdes. Les
« allusions à l'insigne courtoisie du héros principal
« le donneroient seules à entendre, quand même
« les rubriques du second livre de cet exemplaire,
« et même celles du premier dans les autres, ne
« désigneroient pas le roman comme étant celui de
« *Guiron le Courtois*. Ajoutons que dans ces trois
« énormes livres il est à peine parlé de Palamèdes,
« et qu'il y est autant parlé de *Guiron*, que de Lan-
« celot dans le roman de *Lancelot*, et de Tristan
« dans le roman de *Tristan*. »

Ces témoignages, certes, sont positifs ; ils établis-
sent d'une manière irrécusable que *Hélie de Borron*,
ou de *Berron* est le légitime auteur du roman en prose

---

(1) Le premier est le *Bret*.

de *Gyron le Courtois*. Nous examinerons ci-dessous, N° III, quelle est la part de *Rusticien de Pise*, et en quoi consiste son travail.

N° III. Rusticien de Pise, écrivain sans goût, compila les ouvrages de ceux qui l'avaient précédé, et particulièrement de *Gyron-le-Courtois* d'Hélie de Borron, ou plutôt il en fit un abrégé infiniment défectueux dans lequel il n'observa ni ordre ni liaison. Le Manuscrit 6961 de la Bibliothèque du Roi (1) renferme cette compilation indigeste, dans laquelle il a réuni les faits et gestes de plusieurs chevaliers de la Table Ronde. On y lit le préambule suivant : « Sei-
« gneur, emperaor et rois et princes et dux et quens
« et baronz, cavalier et vauvasor et borgiois et tous
« le preudomes de ce monde qui avés talent de
« délitier vos en romanz ci prenés ceste et le faites
« lire de chief en chief, si e troveres toutes les grans
« aventures qui avindrent entre li chevalier herrant
« dou tems li rois Huter-Pendragon jusques au tems
« le roi Artu son fils, et des compains de la Table
« Ronde. Et sachies tot voirement que cestui romanz
« fu traslaité dou livre monseigneur Odoard li roi
« d'Engleterre, à celui tems qu'il passa outre la mer
« au service nostre sire Dame Deu pour conquister le
« saint sepoucre, et maistre Rusticiens de Pise, le
« quelz est imaginés de soure, compila ceste romainz.
« Car il en treslaice toutes les tres merveilleuse no-

---

(1) *Manuscrits François de la Bibliothèque du Roi, leur histoire, etc.*, par M. *Paulin Paris*. Paris, Téchener, 1836-1842, 7 vol. in-8°; tom. I, *pag*. 355 360.

« velle qu'il trove en cellui livre et toutes les grei-
« gneur aventure du monde, mais sachiés qu'il
« traitera plus de monseigneur Lanceloth du Lac et
« de monseigneur Tristans, le fils au roi Méliadus
« de Leonois, que de nul autre, por ce que san fail-
« le il furent li meillor chevalier qui furent à leur
« tems en terre. Et li maistre en dira de ces deux
« plusor chouses et plusor batailles que furent entre
« eux, que ne trouverez escrit entretous les autres
« livres, pour ce que li maistre le trouve escrit en
« livre dou roi d'Engleterre. Oiés, si metra li mais-
« tre les grandismes aventures tot premierement
« que avint à Kamaaloth, à la cort dou roi Artus le
« sire de Logres et de Bretaingne ».

Voici ensuite le titre ou rubrique de l'ouvrage :
« Ci commence le livre du Roy Méliadus de Leonnois
« qui fu pere au bon chevalier Tristan neveu du Roy
« Marc de Cornoaille, et premierement de Brannor
« le Brun, qui avoit sis vint ans d'aage. Et com-
« ment il vint a la court le roy Artus et comment il
« abati de coup de lance XII roys et tous les chevaliers
« de la Table Ronde, ne onque ne le porent remuer
« de selle ; et parole après du bon chevalier sans
« paour et de Guiron le Courtois et de Ariohain de
« Soissongne qui estoit jaiant, et des autres bons
« chevaliers qui a ce temps estoient, et des diverses
« aventures qu'ils troverent et acheverent à leur
« temps en la grant Bretaigne et en la petite Bre-
« taigne ».

Ainsi le travail de Rusticien embrasse les aventures d'un grand nombre de chevaliers du temps d'Uter-Pendragon et d'Artus, savoir : celles de Méliadus de Léonnois, précédées par l'épisode de Branor le Brun, celles du Chevalier *sans-peur*, surnom du Roi d'Estrangorre, de Gyron-le-Courtois, d'Ariohain de Soissongne ; mais il traite principalement de Lanceloth du Lac et de Tristan de Léonnois. On voit que Gyron n'y joue qu'un rôle secondaire.

Enfin, vers la fin du quinzième siècle, un nouvel arrangeur, s'emparant de la compilation de Rusticien de Pise, en tira le roman de *Gyron-le-Courtois* (1) et celui de *Méliadus de Léonnois* (2), non sans beaucoup abréger le texte de son modèle, dont il retoucha le style, en sorte que le tout n'offre plus que des lambeaux décousus. Dans le *Supplément* que je joins ci-après, j'examinerai une partie des changements et des mutilations qu'a éprouvés le texte original de Hélie de Borron, pour la partie seulement

---

(1) Ce prétendu roman de *Gyron-le-Courtois*, fut imprimé à *Paris, Antoine Vérard, sans date, gr. in-fol. goth.*; et *ibidem, Jean Petit et Michel le Noir, sans date, in-fol. goth.*; et *ibidem, le Noir,* 1519, *pet. in-fol. goth.*

(2) Ce roman, aussi défectueux que celui de *Gyron*, a été publié à *Paris, Galliot du Pré,* 1528, *in-fol. goth.*; et *ibidem Denys Janot,* 1532, *in-fol. goth.* Il est possible, pourtant, que le rédacteur de ce roman ne soit pas le même que celui du roman de *Gyron*, vu les particularités dans lesquelles ils diffèrent. Par exemple, dans ce dernier, *Galehaut-le-Brun* est le fils d'*Hector-le-Brun* ; il est son frère, suivant le roman de *Méliadus*. Dans le roman de *Gyron*, ce chevalier est en dernier lieu retenu prisonnier par *Gaylnans*, au lieu

qui concerne *Gyron-le-Courtois*, puisque c'est de celle-là seulement que je m'occupe.

Une chose à remarquer dans le roman de *Gyron-le-Gourtois*, c'est que les imprimés, non plus que la plupart des Manuscrits, n'en contiennent ni le commencement ni la fin. On le trouve complet (en trois Parties) dans les Manuscrits de la Bibliothèque du Roi, N° 6976-6977 (2 *vol. gr. in fol.* vélin); et N° 6979-6980-6981-6982-6983 (6 *vol. in folio. vélin*) dont la dernière Partie poursuit l'histoire de Gyron jusqu'à sa mort.

« Voilà donc, dit M. Paulin Paris, l'histoire des
« éditions si recherchées et si peu dignes de l'être de
« *Guyron* (sic) *le Courtois*. Quand on les compare
« aux originaux dont elles n'ont reproduit que le
« triste squelette, on sourit de la passion naïve des
« bibliophiles pour des livres qui devront perdre
« toute leur valeur le jour même où quelque libraire
« concevra l'heureuse idée de donner au public les
« véritables romans de la *Table-Ronde* d'après les
« anciens Manuscrits (1). »

---

qu'il est dans les prisons de *Nabon-le-Noir*, selon le roman de *Méliadus*, etc.

La *Bibliothèque des Romans* (par Lenglet-du-Fresnoy), tom. II pag. 232, indique un roman *en vers* de *Méliadius*, composé vers 1260 par Girard ou Girardin d'Amiens, in-fol. manuscrit, sans doute d'après Fauchet (*Recueil de l'origine de la langue et de la poésie françoise*), Paris, Patisson, 1581, in-4°, pag. 180.

(1) *Manuscrits François de la Bibliothèque du Roi*, etc. Paris, Téchener, 1836-1842, 7 vol. in-8° tom. I, pag. 3...

SUPPLÉMENT.

Profitant de quelques moments de loisir que me laissaient mes fonctions de juré à Aix pendant les assises de juillet 1837 , pour compléter la *Notice sur le Roman de* Gyron *le Courtois*, dont j'ai eu l'honneur d'entretenir l'Académie au commencement de la présente année (1837), j'ai compulsé l'exemplaire imprimé que possède la Bibliothèque Méjanes dirigée par l'estimable M. Rouart, dont je ne saurais trop louer l'obligeance. Cet exemplaire a le défaut d'avoir, outre un feuillet racommodé, le dernier entièrement écrit à la main et assez maladroitement, en ce que le calligraphe n'a pas su, ou a négligé d'imiter le caractère gothique de l'impression. La souscription, par conséquent manuscrite, porte que l'édition est de *Paris, chez Antoine Vérard*. Elle est *sans date*, le format est *pet. in fol.* en *lettres de somme*, à 2 colonnes ayant 26 lignes sur les pages entières. Sa hauteur est de 13 pouces environ. Les cahiers sont de huit feuillets, excepté le dernier signaturé S qui n'en a que 6. Ce volume contient 8 feuillets liminaires non chiffrés, ensuite le texte dont les feuillets sont chiffrés I-CCCXLII (le dernier est manuscrit). Mais il n'y a point de feuillets cotés LXXII et LXXIII ; le feuillet CI est marqué CIII, et les chiffres sautent de CX à CCI, sans pourtant qu'il y manque rien. Est-ce bien réellement l'édition de *Vérard?* Ce qui provoque en quelque sorte mon doute c'est le format qui est *pet. in fol.*, tandis que M. Brunet, dans son Manuel *du Libraire*, ainsi que les rédacteurs des *Catalogues de livres* de du Fay n° 2356, d'Hoym, n° 2739, de Gaignat n° 2285, etc. annoncent l'édition de *Vérard* comme étant *gr. in-fol.*

Il est d'autant plus à regretter que le Manuscrit appartenant à la Bibliothèque publique de Marseille, soit aussi défectueux, qu'il était de beaucoup plus ample que les imprimés, puisque même dans l'état d'imperfection où il est, il contient bien des passages, des détails et des histoires supprimés dans ceux-ci, du moins dans l'édition dont est l'exemplaire faisant partie de la Bibliothèque Méjanes. Voici ce que j'ai remarqué de plus dans le Manuscrit de Marseille :

1° Les premiers feuillets, tout mutilés qu'ils sont, m'ont permis de reconnaître qu'il y était question d'une Dame de *Nohaut*, laquelle devait subir la mort par suite d'une accusation portée contre elle par deux frères, si elle ne présentait pas un chevalier qui embrassât sa défense en combattant les deux accusateurs. Le dernier jour de délai est arrivé, et le Roi Léodagan de Carmelide, son champion, ne comparaît pas, arrêté qu'il est par une trahison. Un autre chevalier, nommé Ariham, ami de Léodagan, s'offre à sa place. Les sept feuillets suivants étant déchirés presque totalement, empêchent d'en apprendre davantage. J'ai entrevu ensuite que Messire Lac et le Roi Méliadus de Léonnois se font le récit d'aventures qui leur sont arrivées. Ce dernier raconte la honte qu'il reçut par la méchanceté d'une demoiselle. Mais je ne puis qu'indiquer légèrement la chose, vu l'absence de nombre de feuillets. Je soupçonne que cette aventure est celle relatée chap. XL du roman de *Méliadus* imprimé.

2º Le message envoyé par la Demoiselle Bloie à Gyron retenu au château de Malohaut par la blessure qu'il s'était faite lui-même, après avoir délivré la femme de Danayn des mains de Messire Lac ; le choix que Gyron fait de Danayn pour saluer de sa part la Demoiselle Bloie ; l'amour subit de Danayn pour la Demoiselle, et sa trahison envers elle et Gyron, tout cela est passé sous silence par l'éditeur du roman imprimé ; il se contente de dire : « Et re-
« tourne (le compte) à parler de giron le courtois
« lequel aprez qu'il fu guery de la playe qu'il sestait
« faicte se departit de maloanc pour chercher danayn
« qui tollu luy auoit en son absence une sienne da-
« moysele qu'il aymoit par amours etc. ». J'ai cru comprendre, en rapprochant divers passages de l'imprimé, que Danyn avait exécuté sa trahison en trompant la demoiselle et lui faisant accroire que Gyron l'avait chargé de la conduire devers lui. Au moyen de cette imposture, Danayn l'avait tirée hors de son château et emmenée avec lui.

3º L'épitaphe de la Demoiselle Bloie est rapportée simplement dans l'imprimé, sans faire mention du

changement d'une lettre fait par l'ouvrier, erreur à laquelle par la suite Gyron dut sa délivrance par Lancelot du Lac. L'imprimé met à la place : « Et
« ainsi come ie vo ay copte furet prisonniers quasi
« tout en ung teps les trois meilleurs chevaliers du
« mode, cest assauoir le bon chevalier sans paour,
« danayn le roux et gyron le courtois lesqlz le furent
« moult longuemet dont ce fut moult grant domaige
« mais quat ils furent deliurez ne fois ci point de
« mention pour ce que le liure du latin se finist en
« cest endroit quat a leurs faitz, mais le romaut du
« roy meliadus de leonnois dit la maniere comment
« ils furent deliurez et par qui. » Le roman imprimé de Méliadus, peu d'accord avec notre Manuscrit de *Gyron*, prétend que les trois chevaliers ci-dessus étaient dans les prisons de *Nabon-le-Noir*, et que ce fut à la suite de la mort de ce géant tué ainsi que son fils et tout son lignage, par Tristan de Léonnois secondé par Ségurades, chevalier de Cournouailles (autre que Ségurades-le-Brun (1), qu'ils sortirent de prison par les soins desdits Tristan et Ségurades, auxquels s'étaient joints Lancelot du Lac et Palamédes ; Lancelot ayant eu avis de leur détention par des messagers de Nabon-le-Noir qui les envoyait menacer Artus de mettre à mort ses prisonniers, s'il ne se

(1) La mort de Nabon-le-Noir est racontée à peu près de même dans le *Roman de Tristan de Léonnois* qui tue le géant d'un coup de son bâton d'escrime ; mais il est assisté de Ségurades seulement. Lancelot et Palamèdes n'y participent pas.

soumettait pas à lui Nabon. Au lieu que la leçon du Manuscrit de Marseille est telle : « chil qui les lettres « entaille en mue une sen le parole quant il entailla « la pierre. chr gist la merueille de tot le monde. « Li bons cheualiers li vaillans qui puis uint à la « lame che fu lancelot du lac deliura puis guron pour « occoison de cheste parole : ensi come noz voz « deuiserons tot apertement en notre lyure quant « il en sera liev et saison. » Ainsi le Manuscrit, s'il était complet, nous raconterait la délivrance de Gyron opérée par Lancelot du Lac, sans doute de vive force.

4° La demoiselle, amante de Gyron, n'est pas désignée par le surnom de *Bloie* dans l'imprimé qui la nomme simplement *la belle Damoysele*, ou *sa damoysele* (de Gyron). Or, puisque le surnom de *Bloye* se lit dans l'extrait du *Roman de Gyron* contenu dans la *Bibliothèque Universelle des Romans*, il faut de toute nécessité ou que l'auteur de cet extrait ait eu sous les yeux une autre édition que celle de *Vérard*, *sans date*, qu'il cite ; ou qu'il ait eu recours à quelque Manuscrit ; ou enfin que l'exemplaire de la Bibliothèque Méjanes ne soit pas de cette édition de *Vérard*.

5° Un grand nombre d'aventures dans le courant du livre, trop longues à rapporter ici, et dont je n'ai pas cru devoir parler dans ma Notice, tant pour ne pas lasser votre attention que parce que, vu les lacunes du Manuscrit, il y manque tantôt le commencement et tantôt la fin, ont été retranchées par l'éditeur de l'imprimé.

6° Le texte imprimé se tait sur ce qui avint au Roi Méliadus après qu'il eut fait ériger un tombeau aux deux amants Absalon et Thésalla; et sur sa quête pour rejoindre Gyron qui s'était séparé de lui. Notre Manuscrit n'en offre plus que le commencement qui tient la moitié de la 2de colonne du dernier feuillet existant encore, les suivants ayant été malheureusement arrachés.

7° Selon le Manuscrit, Gyron garda la prison de Calynans pendant sept ans. L'imprimé raccourcit la durée de sa captivité, et s'exprime en ces termes : « Ainsi furent giron et sa damoyselle emprisonnez « laquelle estoit grosse de lui come ie vous ay cy « deuant dit. Et demoura giron en la prison ung « moys deux moys voire ung an et plus assez. »

8° Le langage a été un peu rajeuni dans l'imprimé.

Voyons maintenant ce que le volume imprimé de la bibliothèque Mejanes contient de plus, et qui manque dans le Manuscrit que possède la bibliothèque publique de Marseille, mais qui s'y trouverait, infailliblement, s'il était complet.

1° Au début du livre, un vieux chevalier, qui n'avait pas porté les armes depuis quarante ans, âgé pour lors de cent vingt ans; mais de haute stature et *corsu*, accompagné d'une belle demoiselle très-richement habillée, vient à Lraamalot où siégeait en ce moment le roi Artus, entouré d'autres rois et de sa chevalerie, et demande à s'éprouver contre eux, proposant sa demoiselle pour prix de la joute. *Palamèdes* désireux de gagner un si beau prix, se présente le premier. Le vieux chevalier, dédaignant de se servir de la lance, l'invite à courir contre lui qui lui fera *quintaine*, c'est à-dire, qui lui servira de potence. Palamèdes irrité de cette outrecuidance et se promettant de la punir, met sa lance en arrêt et l'atteint de toutes ses forces. Le vieux chevalier avance son corps contre la lance de Palamèdes que ce seul effort désarçonne sans que le vieillard en soit ébranlé. *Gauvin*, *l'Amoral de Galles*, *Yvain*, *Bliombéris* et autres éprouvent le même sort. *Tristan de Léonnois* s'avance. Le vieillard, après lui avoir demandé son nom, ainsi qu'il l'avait fait aux autres, lui dit qu'en faveur de sa réputation, il se servira de la lance contre lui. Dans cette rencontre le vieux chevalier ne remue pas des arçons et abbat Tristan qu'il blesse à l'épaule gauche. Succède *Lancelot*, dont le nom étant connu du vieillard, l'engage également à prendre sa lance. Pareil accident, qu'à Tristan, arrive à Lancelot qui est blessé à la poitrine. Ensuite Artus et les autres Rois sont de même maltraités. Le vieux chevalier refuse de se faire connaître pour le moment et le renvoie à un autre temps peu éloigné. Il se borne à déclarer qu'il avait été un des chevaliers d'Uter-Pendragon, père d'Artus, et qu'il est ami de ce dernier. Il accomplit sa promesse quelque temps après, et l'on apprend qu'il se nomme *Branor-le-Brun*, qu'il était cousin d'*Hector-le-Brun* et oncle de *Ségurades-le-Brun* (1). Ces nouvelles surprennent fort la cour d'Artus qui le croyait mort depuis long-temps. Une demoiselle, nièce de feu l'*Amoral de Listenois*, venue à la cour d'Artus pour lui demander un chevalier qui entreprît sa défense contre un certain Comte qui la dépossédait de ses châteaux, ayant été témoin de la valeur du vieillard, implore son secours. Celui-ci va avec elle, défait son ennemi, le prend prisonnier et les accorde ensuite, en moyennant un mariage entre eux. Il les quitte, rencontre un guerrier nommé *Sadoch*, qui haïssait les chevaliers errants à cause que son père avait été tué par un d'eux. Après un long combat Sadoch est vaincu. Branor délivre ensuite une demoiselle des mains de *Lrarados* grand chevalier et très-cruel. Enfin, il se retire dans son château, et il n'est plus question de lui. Cette épisode de *Branor-le-Brun*, d'abord raconté par Hélie

---

(1) Saverio Quadrio (*Della storia e Ragione d'ogni Poesia*, tom. IV ou vol. VI pag. 515) se fondant sur un passage du Roman d'*Amadis de Gaule*, liv. IV chap. 49 (chap. XXXIV de l'*Amadis* français) prétend que dans les temps antiques, la qualification de *Brun* équivalait à *Brave*, et qu'ainsi on trouve *Hector-le-Brun*, *Galehout-le-Brun*, etc. dans le roman de *Lancelot* : il se trompe. *Brun* était le nom de famille de ces chevaliers, puisque nous lisons dans le roman imprimé de *Gyron*, en parlant de *Branor* « il estoit de la lignée à ceux de *Brun* », et que le lieu de leur résidence était nommé le *Val-Brun*, L'écu que ceux de ce lignage portaient dans les combats était d'or plein (*à or sans autre teint*). Au reste le passage, plein de confusion, de l'Amadis français ne favorise aucunement l'explication du mot *Brun* hazardée par Saverio Quadrio. Je ne sais si l'original espagnol de ce roman est plus explicite en sa faveur.

de Borron (1), a été ensuite conservé par Rusticien de Pise (2), et l'éditeur anonyme du roman imprimé l'y a maladroitement inséré, puisqu'il forme un hors-d'œuvre ne se rattachant à rien.

C'est ici le moment de relever une erreur grave dans laquelle sont tombés M. le professeur F. H. Von der Hagen, l'éditeur anglais des œuvres de Walter-Scott (3) et M. Francisque Michel (4). « Qui l'aurait
« pensé, s'écrie le littérateur français, un poëme sur
« Tristan a été composé en grec moderne et en vers
« politiques. Un fragment de 306 vers écrit en grec
« corrompu, et trouvé au Vatican dans un manus-
« crit sur papier du xiiie ou du xive siècle, en a été
« publié à Breslau en 1821, par F. H. Von der Hagen,
« qui y a joint une version latine et de courtes notes.
« Cette publication n'a pas été mise dans le com-
« merce (5). » Ce fragment, accompagné de sa version latine en regard et de notes grecques au bas des pages, remplit depuis la page 274 jusqu'à la moitié des pages 296 et 297 du tome II du *Recueil sur Tristan* cité ci-dessous,, Note 4, ce qui fait 12 pages

---

(1) *Manuscrits françois de la Bibliothèque du Roi, leur histoire*, etc. par M. **Paulin Paris**: Paris, Téchener, 1836-1842, 7 vol. in-8°, tom. I pag. 355-360.

(2) Voyez, ci-devant, les *Éclaircissements et Preuves*, N° III.

(3) Première Note de l'Introduction du roman Ecossais *Sir Tristem*.

(4) TRISTAN, *Recueil de ce qui reste de poëmes relatifs à ses aventures, composés en françois, en anglo-norman et en grec dans les* XII *et* XIII *siècles*. Londres, Guill., Pickering, 1835, 2 vol. pet. in-8°, papier vélin avec gravures et fac simile.

(5) TRISTAN, etc. introduction, pag. xviij.

pour le grec et autant pour le latin. Il est précédé d'une préface qui tient près de 5 pages imprimées en caractères menus, non interlignés, appelés *petit texte ordinaire*, par Fournier le jeune (1), et le *sept*, par Didot l'aîné (2), préface assurément fort honnête pour un texte de 9 et 1/2 pages, si l'on en retranche 2 pages pour les 63 lignes occupées par les Notes, et la 1/2 page en blanc de la fin. Selon le génie allemand............................... ....
. ...,...............
le professeur Silésien s'y livre hors de propos à une diatribe contre les Turcs qu'il veut à toute force qu'on expulse de l'Europe. Il entame ensuite une longue dissertation grammaticale au sujet des vers, dits *politiques*, en lesquels ce fragment est composé. Mais, quant au fragment lui-même, tout se réduit de sa part à apprendre au lecteur bénévole qu'il l'a tiré d'un Manuscrit, sur papier, du Vatican ; qu'il en doit la connaissance à Jérôme Amati, garde de cette Bibliothèque; qu'il a remarqué une transposition dans le Manuscrit et l'a corrigée; que, quoique l'action y soit en quelque sorte parfaite, l'argument présente le caractère d'un fragment par l'arrivée subite et le départ de l'admirable vieillard, le héros de l'action ; que ce fragment se rapporte à l'histoire fabuleuse de la Table-Ronde, connue de tous ; et

(1) *Manuel Typographique par Fournier-le-jeune*. Paris, Barbou. 1764, 2 vol. pet. in-8°, tom. II, pag. 10.
(2) *Epître sur les Progrès de l'imprimerie, par Didot fils aîné*. Paris, imprimé chez Didot l'aîné, avec les italiques de Firmin son second fils, 1784, gr. in-8°, pag. 18.

que l'auteur inconnu s'est sans doute proposé de traduire en grec, comme *spécimen*, une partie d'un poëme d'une plus grande étendue en vogue chez les occidentaux. Tous les documents, toutes les recherches de M. Von der Hagen ne s'étendent pas plus loin. Aussi a-t-il intitulé ce morceau : *Poema graecum de rebus gestis Regis Arturi, Tristani, Lanceloti, Galbuni, Palamedis, aliorumque Equitum Tabulae rotundae*. Notez que dans cet intitulé il n'est pas fait mention du Vieillard, le principal héros de l'action, *principis rerum, senis illius mirabilis*, ainsi que dans la préface il le qualifie. Tant est que M. Von der Hagen a ignoré à quelle épopée ce fragment appartient. L'éditeur des œuvres de Walter-Scott et M. Francisque Michel n'en ont pas su davantage et, sans plus de réflexion, l'ont déclaré être extrait d'un poëme sur Tristan qui pourtant n'y a qu'un rôle secondaire, non plus que Lancelot, Gauvain, Galehault, Palamèdes et autres, le personnage principal y étant le Vieillard qui occupe toujours la scène. Ramenant la chose à la vérité, je pose en fait que ce fragment, s'il n'en est pas un *spécimen*, faisait partie d'une version grecque, en vers politiques, du roman de *Gyron le Courtois*, et que c'est une traduction libre de l'épisode de *Branor-le-Brun* dont nous venons de parler, sauf le commencement et la fin qui manquent. Ce fragment méritait-il que M. Von der Hagen le mît au jour? Quant à moi, je pense, et je ne crois pas être contredit de personne, que ce professeur eût mérité à plus juste titre du monde littéraire si, usant mieux de l'amitié et de la complaisance du Bibliothécaire du Vatican, il eût obtenu de prendre une copie du Manuscrit légué par la Reine Christine de Suède, contenant l'épopée en romane française de *Gyron-le-Courtois*, et qu'il se fût occupé d'en faire jouir les littérateurs. M. Francisque Michel ne me paraît pas fondé à alléguer la version grecque de ce fragment en preuve que vers la fin du XIIIe siècle la langue française était répandue dans la Morée et dans l'Attique, et qu'elle s'y parlait aussi bien qu'à Paris; car, dans ce cas, il eût été superflu de faire des traductions de cette langue en grec.

2° Tristan de Léonnois a un long combat contre Palamèdes au sujet d'Yseult, femme de Marc, Roi de Cornouailles, qu'ils aiment tous les deux. Très-blessés l'un et l'autre ils sont séparés par Brandelis, fils du Roi Lac, qui les engage à remettre la continuation de leur duel à une autre fois. Ils prennent jour et lieu. Palamèdes, dont les blessures étaient plus graves, tombe malade et se trouve dans l'impossibilité de se rendre au lieu et jour convenus. Lancelot du Lac, venant fortuitement à passer par là, est pris pour Palamèdes par Tristan qui l'attaque avec fureur. Le combat ayant long-temps duré, ils ont besoin de se reposer. Tristan commence à soupçonner que ce n'est pas Palamèdes qu'il a en tête; son adversaire lui paraît plus redoutable. Un éclaircissement s'ensuit et Tristan reconnaît, à son grand regret, qu'il s'est battu contre Lancelot son meilleur ami (1). Ces trois chevaliers, Tristan, Lancelot et Palamèdes, ne reparaissent plus dans le courant du livre imprimé, si ce n'est Lancelot et Palamèdes au dernier chapître qui ne se lie aucunement à celui qui précède, et laisse apercevoir entr'eux une lacune de temps considérable.

L'action commence ensuite, sans aucun préambule sur Gyron qui pourtant date du règne précédent d'Uter-Pendragon. Le rédacteur le fait paraître brusquement sur la scène, et nous dit que ce chevalier, qui n'a pas vu depuis quelque temps Danayn-le-Roux, son cher ami, part du *Val-Brun* pour aller le trouver à Maloanc. Vient ensuite un combat de Gyron contre le Roi d'Estrangore, dit *le Chevalier sans peur.* Remis de leurs blessures, ces deux guerriers, de concert, tuent deux géants, etc.

3º L'épouse de Danayn-le-Roux est appelée dans l'imprimé « la Dame de Maloanc ou de Malohault. « Car aucuns livres la nomment *Malohault* et « aucuns autres *Maloanc* (1). »

4º L'éditeur du volume imprimé, ou n'a pas compris le Manuscrit dont il se servait, ou mal à propos a voulu le rédiger à sa guise et y faire des changements; ou n'a eu sous les yeux qu'un manuscrit erroné et altéré, fruit d'un mauvais copiste ; ou,

---

(1) Ce récit du combat de Tristan contre Lancelot, qu'il croit être Palamèdes, se lit aussi dans le roman de *Tristan de Léonnois.*

(1) Voyez *fol.* XXIIJ *verso*, *col.* 2 de l'édition citée ci-dessus.

peut-être, ces erreurs sont-elles dues à la rédaction de Rusticien de Pise que l'éditeur a suivie.

Par exemple, le Manuscrit de la B. de M., après le récit du recouvrement de la Demoiselle Bloie par Gyron sur Danayn, ajoute : « En celuy an proprement « ot celle damoisele vn enfant de Guron qui fu « estrangement bons chevaliers..... chil chevaliers « estoit apeles helynans li noirs li fors li legiers et « fu apeles noirs parce que ses peres estoit meruil- « leusement blans, et cil estoit, 1 poi brunes. » Voici la leçon qu'offre l'édition de la bibl. Méjanes : « Celluy an proprement eut la damoyselle un enfant « de giron qui fu bon cheualier, celluy cheualier « fut appellé brun le noir le fort cheualier et legier. « Et fut appelle noir pource que son pere fut trop « merueilleusement blanc. Et estoit celluy un pou « blanc. Celluy estoit ung pou plus brun. » Et vers la fin, après la mort de la Demoiselle Bloie on lit dans l'édition imprimée : ... le sire de leans « estoit appellé galinans et pour ce que lenfat de giron « luy sembla moult bel luy dona il son nom et le fist « appeler galinans, etc. » Où l'on voit que l'éditeur du livre imprimé s'éloigne du Manuscrit. Ce passage y est ainsi : « Et lesire de la tor estoit apeles « calynans. Pour chou quil lui estoit auis que lifilz « guron estoit trop beax enfes lebailla asa seror a « garder et anorrir, et chele lenorri ensi come ses « freres lui auoit comande, etc. » Ainsi l'éditeur de l'imprimé, d'un seul enfant, *Hélinans-le-Noir*, en fait deux savoir *Brun-le-Noir* et *Galinans*.

5° Le dernier chapître de l'imprimé est encore un hors-d'œuvre, comme le commencement de l'ouvrage, il s'y agit du susdit Galinans, fils de Gyron et de la Demoiselle Bloie, dont il est rapporté que, parvenu en âge d'être armé chevalier, il rencontre le Roi Artus accompagné de quatorze de ses chevaliers, il les défie à la joûte et les abat successivement tous, savoir Lreux le Sénéchal (qui paraît être le type du Falstaff de Shakespeare), Bliombéris, Yvain, Gauvain, Hector des Mares, Lancelot du Lac, le Roi Artus, etc. Il part triomphant et rencontre Palamèdes qui s'était embusqué dans la forêt et qui, ayant vu l'échec essuyé par la chevalerie d'Artus, voulait la venger. Il réussit si bien que, immobile contre le choc de la lance de Galinans, de la sienne il lui perce le côté gauche et le culbute, au point que jamais depuis il ne put ferir coup (se servir) de la lance. « . . . . .
« Mais lauenture est telle (dit le livre imprimé), que
« galinans brise son glaiue et palamèdes le puissant
« payen le fiert de traucrs si roydement quil luy met
« le fer du glaiue au coste senestre sans toucher a
« lescu et lempaint sy rudement quil le porte a la
« tere nauré tellement que oncques puis ne ferit coup
« de lance. » On sent combien ce chapitre implique contradiction avec ce qui précède. Lancelot est renversé par Galinans qu'il ne peut ébranler; et Palamèdes, qui était inférieur à Lancelot, non seulement résiste sans chanceler au heurt de Galinans, mais encore le porte à terre outrageusement blessé.

J'ai taxé d'infidélité, pour ne pas dire d'ignorance, l'auteur de l'extrait de *Gyron-le-Courtois*, contenu dans la *Bibliothèque Universelle des Romans*, par Bastide et autres. Je dois justifier mon accusation. On n'a qu'à se rappeler ce que j'ai dit au sujet de la chute de Bréhus dans la caverne par l'effet de la perfidie d'une demoiselle. Voici comment le coopérateur de Bastide travestit ce récit et confond le tout. Un chevalier, dit-il, nommé Branor-le-Brun, trouve dans une caverne deux vieillards décrépits, affaissés sous le poids des années, qui s'y étaient retirés ; l'un qu'il lui plaît d'appeler *Gyron-le-vieux*, et l'autre *Bréhus*, s'entretenaient de notre héros, petit-fils du premier. Ce que Branor entend dire à ces deux vieillards lui inspire le plus ardent désir de connaître plus particulièrement *Gyron-le-Courtois*, il se rend à la cour du Roi Uter-Pendragon, fait la connaissance du chevalier objet de sa curiosité et, sur les récits qui lui sont faits en rédige l'histoire. — On voit qu'il n'y a rien de plus faux que tout ce commencement. 1° L'aïeul de Gyron ne porte point de nom dans le Manuscrit ni dans l'imprimé. 2° Il s'est retiré dans la caverne avec son fils et un autre parent, mais non avec Bréhus. 3° C'est Bréhus, et non Branor-le-Brun, qui vient ou tombe dans la caverne et qui obtient de ses habitants des notions sur Gyron. 4° Bréhus, loin d'être un vieillard, est dans la vigueur de l'âge. 5° Gyron, loin d'être à la cour, passait pour mort et gardait soigneusement l'incognito. 6° L'action du roman se passe sous le règne d'Artus et non sous celui d'Uter-Pendragon. 7° Branor-le-Brun n'est nullement le rédacteur de l'histoire de Gyron, et rien dans le roman n'y fait la moindre allusion. Tout le courant de l'extrait du roman est sur ce ton de fausseté.

Veut-on des exemples des sottes gentillesses et des fadeurs de l'auteur de l'extrait ? Après avoir raconté que Gyron, au commencement de sa connaissance avec la Demoiselle Bloie (1), ne pouvant, à cause de ses blessures, la conduire lui-même à son château, l'y fait mener par son écuyer, ajoute : « commission dont l'écuyer s'acquitta exactement « et sans fâcheuse rencontre : *observation dont nous* « *présumons que le lecteur nous saura quelque gré,* « *car la demoiselle Bloye mérite assurément que* « *toutes les belles ames s'intéressent à elle.* » De sa propre autorité il fait mourir la Dame de Malohaut peu après que Gyron l'ayant délivrée des mains de Messire Lac, s'était percé les deux cuisses du regret de la trahison que sa passion pour elle avait été près de lui faire commettre envers Danayn; tandis que bien long-temps après, vers la fin du livre, lorsque Danayn se porte à combattre les chevaliers de la tour pour l'amour d'Albe, l'une des quinze sœurs, Hélie de Borron dit de lui : « il ne lui souient se trop « pou non de la bele dame demalohaut. il la bien

---

(1) Les fragments de notre Manuscrit ne contiennent pas ces détails.

« mise arriere dos, » ce qui prouve qu'elle n'était pas morte. Suivant le texte original, Gyron est conduit par Danayn dans le château de Malohaut où sa blessure est traitée par les mires. L'auteur de l'extrait le fait conduire au château de la Demoiselle Bloie qui lui prodigue ses soins, et il ajoute encore : ..... « le cœur de Gyron s'enflamma de
« nouveau. Et sur quel sujet plus digne et plus
« aimable son choix pouvait-il tomber que sur une
« demoiselle dont les belles mains hâtaient chaque
« jour sa guérison, et dont les yeux les plus beaux
« du monde, animés d'un feu tendre, semblaient
« lui dire : *Gyron, celle qui guérit ta blessure, en
« a reçu une de toi.* » Est-il rien de plus affadissant que cette plate addition purement du cru du faiseur de l'extrait ? Il avait déjà dit, en parlant de cette demoiselle qu'il qualifie peu honorablement : « Cette
« belle *avanturière* est destinée à figurer encore
« dans l'histoire de notre héros et influera plus d'une
« fois sur son sort. » Or j'ai rapporté tous les événements où elle figure, et l'on voit qu'ils ne sont pas en grand nombre. Quant à influer *plus d'une fois* sur le sort de Gyron, je n'en aperçois qu'une, c'est celle de son épitaphe, où par suite d'une lettre changée par erreur, Gyron recouvra sa liberté.

Il faut convenir que des rédacteurs qui se permettent d'altérer à ce point les ouvrages qu'ils ont la prétention de faire connaître, méritent le blâme le plus sévère.

En examinant plus attentivement le Manuscrit de Gyron appartenant à la Bibliothèque publique de Marseille, j'ai reconnu que le premier feuillet existant est bien certainement celui par lequel a dû toujours commencer le volume, ce que désignent l'encadrement orné qui entoure le texte au recto et la miniature qui était dans le haut et dont l'enlèvement a produit une forte déchirure. Je n'ai pas découvert la moindre trace d'autre feuillet enlevé qui ait pu précéder celui-ci, et conséquemment contenir aucun prologue. L'épisode de la Dame de Nohaut y est déjà avancé. Ariham arrive là sans qu'on sache ni pourquoi ni comment. D'ailleurs on lit sur cette première page : « Kil envint au chastel qui estoit apeles yrsam et « ivint le iour meisme que lirois ifumis en prison tout « come licontes aduise. » Ce qui indique clairement des faits qui se sont déjà passés. D'un autre côté, le nombre des feuillets manquant à la fin du volume ne saurait être bien considérable. Et cependant ce n'est qu'à la seconde colonne du verso du dernier feuillet restant que commence le récit des aventures de Méliadus dans sa recherche de Gyron. De plus, le Manuscrit contenait la relation de la délivrance de ce dernier chevalier par Lancelot, puisqu'il l'annonce en ces termes : ..... « ensi come nos vos deuiserons « tot apertement en nostre lyure quant il ensera liev « et saison. » La délivrance de Danayn devait également s'y lire. Il est impossible que les feuillets qui peuvent avoir été arrachés à la fin du volume renfermassent tous ces événements. Ces considérations me suggèrent la pensée assez vraisemblable, que ce volume manuscrit a dû faire partie d'un ouvrage plus considérable embrassant les romans réunis de *Gyron le Courtois* et de *Méliadus de Léonnois*, dont il formait le tome II, et qu'il était suivi d'un troisième.

Je conclus, de tout ce que je viens de vous exposer, Messieurs, qu'un travail fort important reste à faire sur les Romans de chevalerie; car même je ne connais aucune Bibliographie, aucun Catalogue, aucun répertoire littéraire enfin, qui seulement ait su les classer d'une manière exacte et bien raisonnée. Celui, qui s'en occuperait sérieusement, rendrait un grand service à la littérature du moyen-âge. Mais, pour l'exécuter convenablement, il faudrait un homme nourri de ce genre d'études, qui s'en fût fait une occupation particulière, qui en eût la tête et la mémoire meublées et qui réunît à ces qualités de vastes connaissances bibliographiques. Ce travail exigerait une collation exacte, minutieuse et scrupuleuse des différents Manuscrits d'un même ouvrage avec toutes les anciennes impressions qui en ont été faites, afin de remarquer tant les augmentations que les retranchements, et généralement tous les changements que les éditeurs, ou les translateurs, peuvent avoir fait subir à leurs originaux. Ce que je viens de vous présenter, Messieurs, regardant un seul des Romans de la Table-Ronde, en est un spécimen bien incomplet, puisque je n'ai travaillé que sur un Manuscrit imparfait et mutilé.

Avant de finir, qu'il me soit permis de jeter quelques réflexions sur les auteurs originaux des histoires chevaleresques relatives à la *Table-Ronde*, je veux dire, sur le pays auquel ils appartiennent. Au premier abord il ne saurait y avoir de doute. Cet ordre avait son siége dans la Grande Bretagne. Les chevaliers qui en faisaient partie étaient de la suite et de la cour d'*Uter-Pendragon* et d'*Artus* son successeur, Rois de cette contrée. Ces raisons sembleraient prouver que ce sont des auteurs anglais qui ont dû s'occuper de célébrer les exploits éclatants, vrais ou fabuleux, qui s'étaient passés dans leur patrie. Mais comment se fait-il donc que, à l'exception des deux Rois précités *Uter Pendragon* et *Artus*, de *Gauvin* et ses frères, neveux de ce dernier, du *Mourhous d'Irlande* et de quelques autres, la plupart des héros soient du littoral de la France avoisinant l'Angleterre? Ainsi *Fébus le Fort*, ses cinq fils *Laimors*, *Naitas*, *Altan-le-Bel-le-Fort*, *Synor-le-Fort*, et l'aïeul de *Gyron-le-Courtois*, ledit *Gyron* et son père, *Hector-le-Brun*, ses fils *Galehaut-le-Brun* et *Ségurades-le-Brun*, et *Branor-le-Brun* son cousin, sont de la famille des Rois de France? *Lancelot du Lac* et *Tristan de Léonnois*, les deux plus célèbres chevaliers de la Table-Ronde, sont, le premier fils de *Ban de Benoît* Roi de *Bourges*, le second fils de *Méliadus* Roi de

Léon ou *Léonnois*, aujourd'hui *St.-Paul de Léon*, ville dans la *Basse-Bretagne*. Au nombre de ces chevaliers français figurent encore *Hector-des-Mares*, frère de *Lancelot du Lac*, *Lyonnel* et *Boort*, leurs cousins germains, fils de *Boort* Roi de *Gauves* ou *Gannes* dans le Berri, *Bliombéris de Gannes* (1) et son frère *Nestor*, *Marc* Roi de *Cornouailles*, aujourd'hui *Quimper* en *Bretagne*, le *Chevalier sans peur*, Roi d'*Estrangorre* dans l'*Armorique* ou *Petite Bretagne*, *Danayn-le-Roux* aussi de la *Petite Bretagne*, *Pharamont*, Roi de France, etc. C'est dans la forêt de *Brocéliande*, aujourd'hui *Bréchilient*, près de Quintin, dans une tour fermée de l'air, à l'ombre d'une haie d'aubépine, que l'enchanteur *Merlin* est

(1) M. Raynouard (*Journal des Savants*, année 1831, pag. 114) a raison quand il croit qu'il n'a jamais existé un ancien roman original de l'*Histoire de Bliombéris, chevalier de la Table Ronde*, insérée dans la *Bibliothèque Universelle des Romans* (avril 1779) et dont le style et les détails décèlent une facture moderne. Il aurait pu reconnaître que c'est la première des *Six Nouvelles de Florian*. Mais il a tort lorsqu'il reprend le docteur Ferrario (*Storia ed Analisi degli antichi Romanzi di Cavalleria*. Milano. 1828-1829, 4 vol. in-8°) et Dutens (*Tables généalogiques des Héros de Romans*. Londres, 1796, in-4°) pour avoir placé *Bliombéris* parmi les chevaliers de la Table-Ronde, et lorsqu'il exhorte le littérateur italien, dans une nouvelle édition de son ouvrage, à supprimer de son arbre généalogique le nom de ce chevalier, *Bliombéris de Gannes* figure dans plusieurs romans de chevalerie de la Table-Ronde, notamment dans ceux de *Méliadus*, de *Gyron le Courtois*, du *Roi Artus*, de *Tristan de Léonnois*, de *Lancelot*, et dans *La Devise des armes des chevaliers de la Table-Ronde*. Il y est dit frère de *Nestor de Gannes* qu'il tua malheureusement sans le connaître, et cousin germain de *Lancelot du Lac*. Celui-ci, dans ses armes, portait d'argent à trois bandes de gueules ; et *Bliombéris*, d'argent semé de croissants de sable à trois bandes de gueules sur le tout.

retenu par un charme puissant révélé par lui-même, à ses dépens, à *Viviane* son élève et sa mie. Cette *Viviane* elle-même est fille de *Dionas*, chevalier de la *Petite Bretagne*. Ces considérations nous amènent à penser que les trouvères français et concurremment, sinon, avant eux, les troubadours provençaux, s'emparant de quelques légendes et traditions bretonnes, les brodant, les étendant en y ajoutant beaucoup de leur imagination, rimèrent des épopées qui furent ensuite mises en prose. Ces versions ont été imprimées préférablement aux originaux en vers, à cause que le langage en ayant été rajeuni, était plus facilement entendu du vulgaire. La plupart des épopées françaises nous sont parvenues. Il n'en est pas de même des provençales; malheureusement presque toutes ont disparu. Mais on sait, par des témoignages certains, qu'elles ont existé. Le Tasse (1) cite *Arnaud Daniel*, célèbre troubadour loué par le Dante, Luigi Pulci, Varchi, Pétrarque et Bembo, et mort vers 1190, comme auteur du livre de *Lancelot du Lac*. Ce sentiment, suivi par Fontanini, a été combattu par Apostolo Zéno (2) qui, s'imaginant qu'il s'agissait du roman français, a nié qu'il pût être d'Arnaud Daniel lequel n'a rien écrit en cette langue, et n'a pas compris que l'auteur de la *Jérusalem délivrée* avait voulu parler d'un ouvrage provençal composé par ce troubadour.

(1) *Discorsi del Poema eroico*, lib. IV.
(2) *Annotazioni sopra la Biblioteca italiana di Fontanini.* Venezia, Pasquali, 1753. 2 vol. in 4° tom. I, pag. 195, col. 1.

Le chantre de Godefroy ne fait que répéter une chose qui de son temps était généralement connue, ce que témoignent les expressions dont il se sert : «....
« Arnaldo Daniello *il quale scrisse di Lancilotto*, » où l'on voit qu'il ne donnait pas cette indication comme quelque chose de nouveau et qu'il apprendrait à ses lecteurs ; mais, au contraire, qu'afin qu'ils ne se méprissent pas sur l'Arnaud Daniel dont il entendait parler et le mieux désigner, il ajoute : *celui qui a écrit le livre de Lancelot*. On pourrait penser, il est vrai, qu'il n'avait pas vu cet ouvrage, puisqu'il le dit composé en prose et non en vers (1) se fondant sur l'autorité du Dante (2) qui attribue à Arnaud Daniel *versi d'amore e prose di romanzi*. Mais il est à présumer que par le mot *prose* (au pluriel) Dante avait entendu des ouvrages en rimes où, sans observer la quantité, on observe le nombre des syllabes, tels que les *proses* de la liturgie romaine. Au reste, ces deux grands poëtes pouvaient-ils regarder autrement que comme de la prose de prétendues épopées dont la rime consécutive pendant des tirades de vingt, trente, cinquante vers, et plus, consistait simplement

---

(1) « E romanzi furono detti que i poemi, o piutosto quelle istorie
« favolose, che furono scritte nella lingua de'Provenzali.... le quali
« non si scrivevano in versi ma in prose, come alcuni hanno osservato
« prima di me, perchè Dante parlando d'Arnaldo Daniele, disse *Versi*
« *d'amore e prose di romanzi.* » (*Discorso sopra il parere fatto del sign. Fr. Patricio, ètc. Opere di Torquato Tasso*). Firenze, 1724. 6 vol. in fol. tom. IV, pag. 210.

(2) *Purgatorio*, Cant. XXVI.

en assonances? Et ce forgeron qui, repris par le même Dante dont il estropiait les vers, en les chantant, tout confus et sans répliquer, se mit à chanter des morceaux de Tristan et de Lancelot, *cantò di Tristano e di Lancilotto* (4), que débitait-il? sinon des vers, puisque le mot *chanter*, qui ne se dit que d'une pièce de poésie, est également appliqué ici au poëme du Dante et aux livres de *Lancelot* et de *Tristan*. Or, ces morceaux de Lancelot, d'où étaient-ils tirés? Ce n'était pas d'une traduction italienne en vers : on n'en connaît point. Une version française n'eût pas été à la portée d'un grossier forgeron de Florence. Ce ne pouvait donc être que d'une épopée en provençal, dont l'idiôme était familier en Italie. Cette assertion du Tasse ne souffre plus de doute, étant confirmée par une traduction allemande, faite vers 1284, par un poëte nommé Ulric de Zatchistchoven qui reconnaît Arnaud Daniel comme étant l'auteur du poëme original de *Lancelot* en langue provençale. Enfin la Bibliothèque ambroisienne (à Milan) possède un Manuscrit de la fin du quatorzième siècle contenant une partie de l'histoire de Lancelot du Lac (1) en catalan ou provençal. Mais le littérateur italien (2)

---

(1) *Novelle di Franco Sacchetti*. Firenze, 1724, 2 vol. gr. in-8°, *Novella* CXIV.

(2) C'est la quatrième partie du troisième volume, laquelle répond aux chap. 65 à 116 de l'édition en romane française, imprimée à *Paris*, chez *Jean Petit*, 1533 in-fol.

(3) Saverio Quadrio (*Della storia e della Ragione d'ogni Poesia*), tom. IV ou vol. VI, pag. 494 et 495.

qui me fournit cette indication que j'ai moi-même communiquée à M. Raynouard, trop tard pour qu'il ait pu en faire usage, ne s'explique pas sur la nature du texte contenu, s'il est en vers ou bien en prose, et si c'est celui d'Arnaud Daniel. On lit à la fin de ce Manuscrit : *Aqast lebre es deu S^r* (Sinior) *Roxach, lo qual la escrit y acabat demechas a xvi* (setze) *iors de Mayos de lany* M.CCC.LXXX. (mil treis cents vuitanta). Cet ouvrage n'est pas le seul qu'ait composé Arnaud Daniel. L. Pulci, qui s'appuye sur son autorité et l'appelle *il famoso Arnaldo* (1), fait mention d'un autre roman où ce troubadour avait recueilli les actions de Renaud de Montauban et les grands faits d'armes qu'il avait exécutés en Égypte. — Du livre de *Lancelot*, passons à un autre non moins célèbre. L'éditeur de la collection de Berlin a publié, sur le Manuscrit qui se trouve à la Bibliothèque Magliabecchi (à Florence) le Roman héroïque de *Tristan*, en allemand (2), que le Minne-Singer Gottfried de Strasbourg, au dire de M. Arnold de Strasbourg (3), suivi et adopté par M. Raynouard (4), assure avoir tiré

---

(1) *Margante Maggiore*, Cant. XXV, st. 115 et 169 ; *Cant.* XXVII, st. 80 ; et *Cant.* XXVIII ed ultimo, *st.* 26.

(2) MULLER (*Cristoph. Henri*), Collection de Poëtes Allemands des 12e, 13e, et 14e siècles. *Berlin*, 1784 et 85. 2 vol. in 4° tom. II. Il a été fait de cette version allemande, une édition à part intitulée : *Tristan von meister Gottfried von Strasburg, mit der Fortsetzung der Meisters Ulrich von Turheim.* Berlin, 1821. in 4° fig.

(3) *Notice sur les Poëtes Alsaciens*, dans le *Magasin Encyclopédique*, an 1806 ; tom. III, pag. 256.

(4) *Journal des savants*, an 1833, pag. 521.

de *Thomas de Britanie*, ancien poëte provençal (1), et qui diffère beaucoup du roman français. M. Fauriel, (2) au contraire, sans s'occuper de refuter ces deux littérateurs, prend d'autres bases et raisonne différemment. Voici les propositions qu'il pose : 1° écartant le *Thomas de Britanie, ancien poëte provençal*, auteur de l'épopée en langue originale provençale, il ne reconnaît qu'un *Thomas d'Erceldoune*, auteur d'une rédaction écossaise, en stances symétriques de onze vers chacune, dont Walter Scott a publié une édition en 1804. 2° Gottfried de Strasbourg désigne comme son modèle un *Thomas de Britanie*, qui ne saurait être autre que *Thomas d'Erceldoune*, poëte écossais (3). 3° Cette rédaction écossaise ne peut

(1) Gottfried cite bien comme son guide *Thomas de Britanie*, mais il n'en fait pas un poëte provençal : cette addition gratuite est due à M. Arnold. De plus le *Tristan* du poëme allemand est fils de *Riwalin Roi de Parménie* et non le fils de *Méliadus Roi de Léonnois*, ainsi que le dit le littérateur alsacien. Les anciens romanciers ont confondu ces deux *Tristan*, prêtant à l'un les aventures de l'autre.

(2) *Histoire de la Poésie Provençale, cours fait à la faculté des lettres de Paris*, par C. Fauriel, Membre de l'Institut, *Paris, Benjamin Duprat*, 1846, 3 vol. in 8°, tom. II, pag. 425—434 ; et, auparavant : *Cours sur les Romans chevaleresques*, huitième leçon dans la *Revue des deux Mondes*, 1832. Je n'ai pas besoin d'avertir que j'ai beaucoup pris dans cet ouvrage et dans ceux de M. Raynouard.

(3) Richard Price, dans une note (de 18 pages) *on the romance of sir Tristam*, à la fin du 1er volume de l'Histoire de la poésie anglaise de Warton (1824, 4 vol. gr. in-8°) ; Von-der-Hagen et Büsching dans leurs matériaux pour une Histoire de la poésie allemande. *Berlin*, 1812. in-8°. pag. 132 et 133 ; et surtout Van-Groote (dans son introduction à l'édition du *Tristan* de Gottfried publiée à *Berlin, G. Rimer*, 1821, in-4°.) ont apporté des preuves servant à démontrer que *Thomas de Britanie* et *Thomas d'Erceldoune* n'étaient pas la même

guère dater que de 1250 à 1260, tandis que l'épopée française la plus ancienne, celle de *Chrestien de Troyes*, peut remonter jusque vers 1190. 4° Vingt-cinq troubadours ont fait, et à plusieurs fois, des allusions à la fable de *Tristan*; et, du rapprochement et du calcul de l'âge de ces troubadours et de la date de ces poésies, il résulte que vers 1150 il y avait dans la littérature provençale un poëme célèbre de *Tristan*, le même au fond que les autres romans connus sous le même titre quoique en différant beaucoup quant à la rédaction et aux détails. Tout en me rangeant au sentiment de M. Fauriel, avec doute cependant si *Thomas de Britanie* n'était pas breton ou armoricain, plutôt qu'anglais ou écossais, j'aurais désiré que le savant professeur, procédant à l'égard de *Chrestien de Troyes* comme il a procédé pour les troubadours allégués par lui, eût établi les raisons qui lui font assigner à l'épopée française une date pas plus reculée que 1190, époque où, selon lui, *Chrestien de Troyes* commença à se faire connaître par ses ouvrages ; d'autant, et je ne dois pas le dissimuler, que d'après d'autres littérateurs, *Chrestien de Troyes*

personne. M. Francisque Michel (*Recueil etc. sur Tristan*. Londres, 1835, 2 vol. pet. in-8°. *introduction pag.* xxxvi) qui fait mention de l'impossibilité à l'identité de ces deux romanciers, aurait bien dû rapporter les raisons alléguées à l'appui de cette assertion. Cela aurait beaucoup mieux valu que de nous répéter les ineptes allégories de M. Edwards Davies, dûment qualifiées par M. Southey qui dit que c'est l'extravagance de l'hypothèse élevée à sa troisième puissance.

serait mort en 1191, et qu'il florissait dès 1150, ce qui le placerait à l'époque où les troubadours citaient *Tristan*. Ce n'était pas toutefois le roman du poëte français, dont le langage n'eût pas été compris dans les pays où l'on ne parlait que la *langue d'oc* (1). Ajoutons que pour ce roman de *Tristan*, comme pour celui de *Lancelot*, les compilateurs du Vocabulaire *della Crusca* en citent une traduction italienne *tirée du provençal*, manuscrite, sous le titre de *Tavola rotonda*. Autant en avaient fait les députés florentins à qui fut confié le soin de donner l'édition du *Decamerone* de Boccace, imprimée à *Florence* en 1573. Ils disent dans leur Préface (*Proemio*) : « Va ancora attorno la

(1) Les habitants du nord et du centre de la France ne sauraient se faire une idée de l'attachement fanatique, si j'ose ainsi dire, que les Provençaux ont long-temps conservé et conservent encore, quoique à un moindre degré pour l'idiome de leur province. Il n'y a guère plus de soixante-dix ans que, même chez les familles de la bourgeoisie et de la noblesse, les individus réunis ensemble ne s'exprimaient qu'en provençal. Dans l'hôtel de M. de P....., Gouverneur de Marseille, où se rassemblait la haute société de la ville, la conversation se tenait en cette langue. Une députation de dames ayant été choisie à Aix, alors capitale de la Provence, pour complimenter Madame le Bret, qui était parisienne, à l'occasion de la nomination de son mari à la place de premier Président au Parlement de cette province, à peine put-on trouver une dame capable de lui porter la parole en français. Aujourdh'ui même encore les gens du peuple veulent bien admettre que les personnes de la classe supérieure parlent en français, mais non celles de leur caste, quoique étrangères à la province, et ils les appellent par dérision *franciots*. Qu'on juge donc, d'après ces faits si, à une époque où les contrées du midi formaient encore un état séparé de la France, il devait se trouver beaucoup de personnes en état de comprendre un poëme en romane française.

« *Tavola Ritonda*, o parte di essa, cavata del Provenzale etc. » — Une autre imitation prise de la même littérature, c'est le poëme de *Parcival* (Perceval) en allemand, composé entre 1195 et 1215 par *Wolfram d'Eschembach* (1) d'après l'original roman de Kiot ou Guyot de Provence, ainsi que ce poëte allemand l'affirme lui-même, déclarant l'avoir suivi de préférence au poëme en romane française de Chrestien de Troyes qu'il réprimande sévèrement pour les changements qu'il s'est permis de faire à son modèle. Le *Tyturell*, autre poëme du même Wolfram d'Eschembach (2), et qui renferme l'histoire d'un des prédécesseurs de *Perceval*, a incontestablement la même origine provençale. Tous les deux, dont le second est le complément et la suite de l'autre, contiennent la fable du *Saint-Graal*. Ils en placent le temple sur la route de Galice, sur une montagne qu'ils nomment indifféremment *Montsalvat* et *Montsalvage*, et qui ne saurait désigner que les Pyrénées, au lieu que les romans français en transportent la scène dans la Grande-Bretagne. Pour être impartial, nous devons faire une observation importante. C'est que Wolfram

---

(1) PARCIVAL (*sans nom de ville ni d'imprimeur*) 1477. *in fol.* de 159 ff., à 2 col. de 40 lignes, contenant près de 25,000 vers, divisés par stances de sept vers, dont les six premiers seulement sont rimés.

(2) TYTURELL (*sans nom de ville ni d'imprimeur*) 1477, *in fol.* de 306 ff. de texte et 1 autre f., à 2 col. de 40 lignes, contenant environ 48,000 petits vers rimés d'une longueur irrégulière. Ce roman et celui de *Parcival*, réunis, ont été réimprimés à *Berlin, G. Rimer,* 1833. *gr. in-8°* de xliv et 640 pag. à 2 col.

d'Eschembach, tout en déclarant, dans la 86ᵉ stance de *Tyturell*, que l'auteur original, de qui il l'a empruntée, est un troubadour provençal, qu'il nomme *Kiot* ou *Guyot*, tout en disant expressément que l'histoire de *Perceval* a été composée en Provence, d'où elle a passé en Allemagne, affirme pourtant qu'elle a été composée en français. Voici le passage traduit : « *Guyot* est un provençal qui trouva ces « aventures de *Perceval* écrites en payen, et les « raconta en français (1) ». Les termes tirés ou dérivés, les uns de la romane française, et d'autres de la romane provençale, dont est parsemé le poëme allemand, pourraient donner lieu à quelque doute sur celui des deux idiomes en lequel était écrit l'ouvrage de Guyot, ou faire conjecturer qu'il en avait fait une double rédaction, l'une en romane française, l'autre en romane provençale pour les gens de son pays, et ce serait alors à celle-là que font allusion les poésies des troubadours.

Les originaux provençaux de tous ces poëmes paraissent perdus ; mais il s'est encore conservé deux épopées en cette langue, se rattachant au cycle breton ou de *la Table Ronde*. La première est le roman de *Seiner Jaufre lo fill Douon* ou *Dozon*, en plus de 10,000 vers, que M. Fauriel (2) conjecture être

---

(1) *Histoire de la poésie Provençale, etc. par C. Fauriel.* Paris, B. Duprat, 1846, 3 vol. in-8°, tom. III, pag. 290 et suiv.

(2) *Histoire de la poésie Provençale,* tom. III, pag. 95.

l'œuvre de Giraud de Borneilh (1), troubadour, et avoir été écrit au plus tard au commencement du treizième siècle. Il s'en voit deux Manuscrits à la Bibliothèque du Roi, dont l'un provient du cabinet du Baron d'Heiss (2). Tous les littérateurs paraissent avoir ignoré qu'il existe de ce livre une et, peut-être même, deux versions espagnoles imprimées (3). Cette

---

(1) Ce roman est de deux auteurs, ainsi qu'il conste par ces vers de la fin :

> Ar preguen tuit cominalment
> Que cel que venc a naissement
> Per totz nos autres a saluar,
> Que sil platz, il deing perdonar
> A cel qu'el romantz comencet;
> E az aquel que lacabet
> Don de tal maniera reinar
> En aquest siegle e restar,
> Que sie al sieu saluament.
> Amen digatz cominalment.

(2) *Catalogue des Livres* etc., *Paris, de Bure* 1785. *in-*8°, N° 203.

(3) L'une de ces traductions ou imitations, est intitulée : *La Coronica de los nobles cavalleros Tablante de Ricamonte y de Jofre hijo del conde Don Ason y de las grandes aventuras y hechos de armas que vuo yendo a libertar al conde Don Milian : que estava preso* etc. En Toledo, 1526. in 4°. goth. de 48 ff. — L'édition suivante en désigne l'auteur : *La Coronica de los muy notables cavalleros Tablante de Ricamonte y de Jofre hijo del conde Donason, compuesto por Nuño de Garay.* Alcala de Henares, en casa de J. Gracian, 1604. in-4°. de 44 ff. Nuño de Garay serait-il le nom de l'auteur provençal, ou bien celui du traducteur espagnol ? — Une version espagnole qui me paraît devoir être différente, est ainsi indiquée : *La Coronica de los notables cavalleros Tablante de Ricamonte, y de Jofre hijo del conde Donason* (la qual fue sacada de los coronicas francesas por el honrado varon Felipe Camus). *Sevilla, Juan de Leon*, 1599. in-4°. de 44 ff.; et *Sevilla*, 1629. in..

particularité, que je crois avoir été le premier à découvrir, a échappé aux savantes recherches de M. Raynouard et même de M. Fauriel (1) qui nous a donné un extrait intéressant de l'original. M. Raynouard (2) se contente de remarquer que ce roman de *Jaufre* a été traduit ou imité dans une composition plus étendue qui est intitulée : *Histoire de Giglan, fils de Messire Gauvain, et de Geoffroy de Mayence son compagnon, tous les deux chevaliers de la Table-Ronde.* Sur quoi j'observerai que cette composition est plus étendue en ce sens que l'action y est double, puisqu'elle comprend non-seulement l'histoire de *Geoffroy* (Jaufre) *de Mayence*, mais encore celle de *Giglan, fils de Gauvain*, que l'éditeur y a entremêlée, quoique assez indépendante. Claude Platin, religieux de l'ordre de St-Antoine, à qui nous la devons, annonce l'avoir *translatée de l'espaignol*, ce que n'a pas remarqué M. Raynouard et ce dont il n'a pas soupçonné la réalité. Il est évident que le moine Antonin a travaillé sur la version espagnole imprimée dont nous avons parlé, et non sur le texte provençal inédit qu'il n'a pas dû connaître. La *Bibliothèque Universelle des Romans* (1er volume d'octobre 1777) contient un extrait de cette *Histoire de Giglan et de Geoffroy*. L'auteur de cet extrait a commis la

---

(1) M. Fauriel dit seulement : « Cet ouvrage.... fut, à ce qu'il paraît, traduit de bonne heure en catalan. » *Histoire de la Poésie Provençale* etc., t. III, pag. 477.

(2) *Journal des Savants*. 1833. pag. 521.

balourdise de confondre *Douon de Mayence* (1) père de *Geoffroy*, avec *Doolin de Mayence*, et reprend inconsidérément Cl. Platin, qu'il croit l'auteur original, d'avoir fait le premier contemporain d'*Artus*, tandis qu'il l'était de *Charlemagne* (selon l'histoire romanesque). — Le second roman, en rime provençale, est celui des *Amours de Blandin de Cornaille et de Guilhen Ardit de Miramar*, des beaux faits d'armes qu'ils firent, l'un pour la belle *Brianda*, et l'autre pour la belle *Irlanda*. Ce roman, composé vers l'an 1240 par Léonore fille de Rémond Bérenguier, Comte de Provence, laquelle en 1236 épousa Henri III, Roi d'Angleterre, par l'ordre de qui nous avons dit que Hélie de Borron avait rédigé le roman de *Gyron le Courtois*, et envoyé par cette Princesse à Richard de Cornouailles, neveu de Richard-cœur-de-Lion, s'est retrouvé, il y a peu d'années, manuscrit dans la Bibliothèque de Turin, où peut-être il s'en retrouverait encore d'autres que l'on estime perdus, ou même qui sont totalement ignorés. C'est à tort que Jehan de Nostre-Dame (2) avance que cette fille

---

(1) Le texte original n'indique pas la patrie de *Dovon*, chevalier de la Table-Ronde, mort en combattant pour le service du roi Artus, percé d'une flèche à un château en Normandie.

El reis (*Artus*)........
....
....
Puis a li son nom demandat.
« Seiner, *Jaufre*, lo fill *Dovon*
« Ai nom en la terra don son.

(2) *Vies des plus célèbres et anciens Poëtes Provensaux*. Lyon, A. Marsilij, 1575. pet. in 8°. pag. 139-141.

du Comte de Provence inspira de l'amour à Richard Cœur de Lion, qu'elle lui adressa son poëme et que depuis elle l'épousa.

Indépendamment des épopées provençales dont nous venons de parler, nous voyons par les poésies des troubadours qui nous restent, qu'eux, ou leurs prédécesseurs avaient écrit plusieurs romans en vers sur des personnages de la Table-Ronde, tels que *Dovon* (père de Jaufre), *Artus*, *Gauvain* son neveu, *Merlin*, *Yvain* (fils du Roi *Urien*) *Marc* fils de *Félis* roi de Cornouailles, *Palamèdes* (1), le roi *Gormon* et *Isambart* (2), etc. De nouvelles recherches opéreront, sans doute, le recouvrement de quelques-uns de ces ouvrages, encore ensevelis dans la

---

(1) Quoique ces héros fussent chantés par les troubadours, ce n'est pas à dire que chacun de ces noms fût le sujet d'une épopée. Ainsi *Artus*, *Gauvain*, *Merlin* pouvaient appartenir à la même; *Tristan*, *Yseult*, *Palamedes*, et le Roi *Marc* à une autre, etc.

(2) Ces deux héros de romans appartiennent bien au *cycle Breton*, mais non à la *Table-ronde* à laquelle ils sont postérieurs. — *Gormon* est un roi d'Afrique et payen, qui, après avoir subjugué la Grande-Bretagne, passe en France pour mettre sur le trône *Isambart*, lequel chassé de ses domaines par son oncle *Louis d'Outremer*, ou plutôt *Louis* III fils de *Louis le Bègue*, Roi de cette contrée, avait renié la foi chrétienne pour s'assurer le secours de *Gormon* dont il avait épousé la fille nommée *Margos* ou *Margot*. Après quelques succès et avoir fait périr une infinité de gens, ils furent vaincus dans une dernière bataille qui dura quatre jours, et même perdirent la vie avec presque toute leur armée. *Gormon* reçut la mort de la main même de *Louis* qui le pourfendit d'un coup d'épée; et *Isambart* fut tué après. Margos, sa veuve, se fit baptiser et se rendit religieuse dans l'abbaye de Montreuil. Louis ne survécut que trente jours à ses ennemis.

poussière des Bibliothèques d'Espagne, d'Italie, d'Allemagne, ou d'Angleterre. Un pareil espoir nous semble permis d'après la découverte de l'épopée provençale de *Fier-à-bras*, publiée par M. Bekker dans les *Mémoires de l'Académie de Berlin*, 1829, tom. X, in-4°, dont il a été tiré quelques exemplaires à part, épopée que l'on ne soupçonnait même pas. En joignant aux romans de *Jaufre*, de *Blandin de Cornailles*, et de *Fier-à-Bras*, celui de *Gérard de Rossillon* dont le seul manuscrit ancien, malheureusement imparfait, a passé du cabinet de Cangé à la Bibliothèque du Roi, aujourd'hui Bibliothèque impériale, et celui de *Beuves d'Antonne*, aussi en vers provençaux, dont un manuscrit sur vélin existe parmi ceux légués à la Bibliothèque du Vatican par la Reine Christine de Suède, et à la fin duquel il est écrit, comme Crescimbeni l'observe, que ce roman fut composé vers 1380 (1), on aura les cinq seules épopées provençales, vraiment chevaleresques, connues jusqu'à ce jour, qui aient échappé aux ravages du temps ou à la destruction.

Je me borne pour le moment, à ces considérations sur la littérature provençale du moyen âge, voulant d'ailleurs réserver quelque chose pour l'examen des romans de *Garin-le-Lohérans*, du *Renart*, du *Brut*, et surtout de *la Violette* ou de *Gérard de Nevers*, etc. que je me propose de vous soumettre successivement.

(1) Saverio Quadrio, *Della Storia e Ragione d'ogni Poesia*, tom. IV ou vol. VI, pag. 541.

APPENDICE.

Revenant à ce que j'ai rapporté au sujet d'une épopée de *Tristan*, en romane provençale, je ne crois pas qu'il soit déplacé de consigner ici mes observations sur un passage de la chanson : *Non chant per auzel*, composée de 1155-65, par le troubadour Rambaud d'Orange, passage allégué et rapporté par M. Raynouard, en preuve de l'ancienne existence d'une composition provençale sur Tristan :

Sobre totz aurai gran valor
   S'aital camisa m'es dada
Cum Yseus det a l'amador
   Que mais non era portata.
Tristan mout presetz gent presen...
Qu'Yseutz estet en gran paor,
   Puois fon breumens conseillada,
Qu'ilh fets a son marit crezen
   C'anc hom que nasques de maire
Non toques en lieis mantenen.

Ces dix vers sont ainsi traduits par M. Raynouard (1) :

Sur tous j'aurai grande valeur
   Si telle chemise m'est donnée
Comme Yseult donna à l'amant
   Qui plus n'était portée.
Tristan moult prisa ce gentil présent....

(1) *Choix de poésies originales des Troubadours. tom.* II, *pag.* 312-13.

> Vû qu'Yseult fut en grande peur,
> Puis elle fut promptement conseillée
> Vû qu'elle fit à son mari croyant
> Que jamais homme qui naquit de mère
> Ne toucha à elle désormais.

Je remarque deux mots dont le sens ne me paraît pas avoir été bien saisi par M. Raynouard.
Le quatrième vers

> Que mais non era portata,

que l'illustre littérateur traduit *qui plus n'était portée*, doit l'être ainsi :

> *Qui jamais n'avait été portée.*

Le mot *mantenen* qui termine le dernier vers, ne signifie pas, à mon avis, *désormais*, qui se rapporterait à un temps à venir et ne peut s'accorder avec le passé *toques* (toucha), mais plutôt *maintenant*, *à ce moment*. Voici comment il faut traduire ces trois derniers vers :

> Qu'elle fit son mari croyant
> Que jamais homme qui naquit de mère
> Ne toucha à elle (jusqu') à ce moment.

Le restant de la traduction est fidèle, mais le sens allégorique, caché dans les vers du troubadour, n'a pas été développé par M. Raynouard, soit qu'il lui ait échappé, soit qu'il l'ait jugé superflu. M. Fauriel (1) semble également ne l'avoir pas entrevu. Cependant

(1) *Histoire de la Poésie Provençale*, tom. III, pag. 482.

l'intelligence de ces vers demandait une explication : je vais la donner afin de suppléer à la négligence de ces deux savants.

Dans les romans de *Tristan*, ce chevalier est chargé de conduire à la cour de Marc, Roi de Cornouailles, son oncle, la belle Yseult d'Irlande que ce monarque doit épouser. La Reine d'Irlande, mère d'Yseult, confie à la jeune Brangien, suivante ou demoiselle de la Princesse, un vase contenant un philtre, ou breuvage amoureux, de telle vertu que, partagé entre un homme et une femme, rien ne pourra plus les divertir de l'amour réciproque entr'eux, avec la recommandation de le faire boire le jour des noces aux deux époux. Malheureusement, pendant la traversée, la Princesse a soif ainsi que Tristan, et ne connaissant pas la dangereuse propriété du breuvage contenu dans le vase, ils le boivent l'un et l'autre, d'où naît entr'eux une passion si violente que Tristan oublie l'objet de son message, et qu'Yseult s'oublie elle même. Arrivés à la cour, se célèbre le mariage du Roi Marc avec la Princesse qui se trouve bien en peine au moment d'entrer dans le lit nuptial. La fidèle Brangien se dévoue et, à la faveur de la nuit, se substitue à sa maîtresse, ensorte que le Roi ne s'aperçoit de rien. Mais Yseult, méconaissant le service signalé que lui avait rendu sa demoiselle, à ses propres dépens, et craignant qu'elle ne vînt à révéler cet important secret, pousse l'ingratitude jusqu'à vouloir la faire périr, afin de s'assurer de son silence. Elle charge de lui donner la mort deux brigands qui l'entraînent dans un bois. Là ils se préparent à remplir leur sanglant ministère. Cependant, touchés de ses prières, ils lui demandent de quel forfait elle s'est rendue coupable envers sa maîtresse, qui ait pu lui attirer une punition aussi terrible. La pauvre fille proteste que son seul crime est d'avoir cédé sa propre chemise bien nette à Yseult la première nuit de ses noces, celle de la Reine ayant été souillée par accident. Les meurtriers, quoique ne comprenant pas cette allégorie, épargnent sa vie et se contentent de l'attacher à un arbre, exposée à être dévorée par les bêtes féroces. Ils annoncent à Yseult qu'ils se sont acquittés de leur commission et lui rapportent les propres paroles de Brengien. La Reine se représentant la fidélité de sa confidente qui, au moment même d'être mise à mort par ses ordres, s'est abstenue de la compromettre en fesant connaître la vérité, se désespére de l'avoir perdue. Brengien, qui a été détachée et délivrée par le chevalier Palamèdes instruite des remords de sa maîtresse, se présente à elle, en est accueillie avec des transports de joie, et reprend faveur plus que jamais.

D'après les détails dans lesquels je viens d'entrer, les vers provençaux s'expliquent facilement. La chemise d'Yseult, qui n'avait jamais été portée et qu'elle donna à Tristan, est sa virginité, perdue par suite du *boire amoureux*; et le troubadour dit que si un pareil présent lui était donné, il montrerait une valeur au dessus de tous les autres. Il observe que cette perte mit Yseult en grande peur, mais que bientôt, au moyen du conseil, reçu et mis à exécution, elle réussit à faire croire à son mari que jamais homme ne l'avait touchée jusqu'à ce jour.

Les fragments qui nous restent des poëmes de *Tristan* en romane française ne nous font pas connaître si la même allégorie de la chemise d'Yseult y était employée. Dans le cas contraire, ce serait une preuve de plus qu'il existait déjà, en romane provençale, un poëme de *Tristan* antérieur aux poëmes français sur le même sujet. Le roman en prose française du moyen-âge, rapporte une allégorie différente. Brangien s'y exprime ainsi : « Quand Madame Ysoult
« se partist de Yrlande, elle avait une fleur de lyz
« qu'elle devoit porter au Roy Marc, et une de ses
« damoyselles en avoit une aultre. Madame perdit la
« sienne, dont elle eust esté mal baillée : quand la
« damoyselle luy présentoit par moi la sienne que elle
« avoit bien gardée, dont elle fut saulvée ; et cuide
« que pour celle bonté, me fait elle mourir ; car je ne
« sçay aultre achoison ».

La rédaction écossaise de Thomas d'Erceldoune, conforme à la leçon provençale, présente l'allégorie de la chemise.

On peut ne voir que de la négligence dans le silence qu'ont gardé les deux illustres littérateurs relativement à l'explication de l'allégorie dont a usé le troubadour Rambaud d'Orange. Mais il n'en est pas ainsi pour deux passages de romans provençaux, qui ont mis en défaut l'intelligence de l'un des deux, M. Fauriel.

> Aital amor me sobreporta
> Cum fes Fenisa, que per morta
> Se fet sebelir per clergues
> Que puis visquet lonc tems apres (1).

> L'autre comtava de Feniza
> Con transir la fes sa noirissa (2).

« Ces deux allusions, dit M. Fauriel (3), se « rapportent sans doute à un même roman. La « seconde n'est guère explicite ; mais la première « nous apprend que l'héroïne eut, comme Charles- « Quint, la fantaisie de se faire enterrer de son « vivant, ce qui ne l'empêcha pas de vivre encore « long-temps après. »

Certes, feu Fauriel a été un des hommes de lettres les plus érudits de notre époque. Il est à regretter que ses connaissances, d'ailleurs si vastes, ne se soient pas étendues à la bibliographie, dont l'utilité est incontestable dans les travaux littéraires. Cependant il se montre trop familier avec les romans de chevalerie, pour ne pas supposer que c'est la mémoire qui lui a totalement manqué en cette occasion. Quoi qu'il en soit, je vais rectifier son interprétation, d'après le roman en vers de *Cligés* par Chrestien de Troyes.

---

(1) Roman de *Jaufré et Brunissende*. Mss.
(2) Roman de *Flamenca*. Mss.
(3) *Histoire de la Poésie Provençale*, etc. tom. III, pag. 501.

Cligés, ou *Cliget*, que n'a pas reconnu M. Fauriel, dans le mot *clergues* (3me vers de la première citation), fils d'Alexandre Empereur de Grèce, est l'amant aimé de *Fénice*, fille de l'Empereur d'Allemagne. Alexandre meurt. La couronne est donnée par les Grands à Alis, son frère, au préjudice de Cligès, son fils. Fénice, obligée d'épouser Alis, devenu Empereur, qui l'a demandée et obtenue en mariage, est au désespoir. Voulant se conserver entièrement à son amant, elle a recours à Thésalla, sa nourrice, experte en malices et en sortiléges. Celle-ci fait boire à l'Empereur, le soir des noces, une potion mixtionnée, en sorte que tombant dans un sommeil profond, il ne fait que rêver toute la nuit, à tel point qu'en se réveillant le lendemain matin, il se figure avoir consommé son mariage. La chose se renouvelle pendant une longue suite de nuits, sans qu'il se doute de rien. Cligés arrive et se fait connaître à Fénice. La Princesse s'adresse encore à sa nourrice qui lui fait avaler un breuvage dont l'effet est de lui donner toutes les apparences d'une maladie par la pâleur qu'elle lui procure. Voilà l'explication du vers :

Con transir la fes sa noirissa

Comme la fit transir sa nourrice.

dont M. Fauriel a cru que l'allusion *n'est guère explicite*. La maladie semble empirer. Les médecins prononcent qu'elle n'a que peu de temps encore à vivre. Bientôt, en effet, on vient annoncer qu'elle est morte. Malheureusemeut l'arrivée de trois médecins de Salerne vient déranger le complot ourdi par les amants. Ils visitent le corps de l'impératrice, s'aperçoivent qu'elle n'est qu'assoupie et promettent de la rendre à la vie. Convaincus qu'elle contrefait la morte, ils demandent à être seuls avec elle. Ils la font revenir de son assoupissement et lui demandent ce qui a pu l'engager à prendre un breuvage soporifique. Fénice ne répond rien. Alors pour la forcer à parler, ils prennent une forte courroie et la frappent jusqu'à la mettre en sang, lui versent du plomb fondu dans la main. Elle tient bon, sans même laisser échapper un soupir. Ils ne s'en seraient pas tenus là, car ils ne parlaient de rien moins que la faire rôtir, si l'empereur Alis, sa suite et surtout Cligés qui connaissait le danger dans lequel elle était, las d'attendre si long-temps, n'eussent regardé par le trou de la serrure. Transportés de colère par les traitemens qu'on fait subir à l'impératrice, ils enfoncent la porte. Les médecins effrayés se sauvent en se jetant par la fenêtre. Le corps de l'impératrice est confié à sa nourrice. Thésalla guérit les plaies de sa maîtresse au moyen d'un onguent précieux qui en fait disparaître jusqu'à la moindre trace. Par ses soins l'impératrice est ensevelie. La nuit étant venue, Cligés instruit de tout, accompagné de Jehan un de ses serfs, pénètre dans l'enceinte. Jehan ouvre le tombeau et le referme après que Cligés en a retiré sa belle maîtresse. Ils la transportent à un château préparé pour les

recevoir. Je passe sous silence les traverses que ces
amants ont encore à éprouver. Qu'il me suffise de dire
que l'empereur Alis étant venu à mourir, Cligés
monte sur le trône et épouse sa fidèle Fénice. Ainsi
Fénice ne se fit pas enterrer de son vivant *par fantaisie*, mais bien pour se ménager le moyen de se
réunir à Cligés son amant, et c'est à quoi fait allusion
la première citation :

> Aital amor me sobreporta
> Cum fes Fenisa, que per morta
> Se fet sebelir per clergues
> Que puis visquet lonc tems apres.

> *Pareil amour me transporte*
> *Comme il fit Fénice*, qui pour morte
> Se fit ensevelir pour Cligés,
> *Qui puis vécut long-temps après.*

L'on voit à quel point M. Fauriel, faute d'avoir
présent à la mémoire le roman de *Cligés*, qui a environ 6600 vers, s'est fourvoyé et s'est éloigné du
vrai sens de ces vers dans l'interprétation qu'il a
prétendu en donner.

*La plaisante et amoureuse Histoire du Chevalier
Doré et de la pucelle surnommée Cœur Dacier* (1)

---

(1) *Lyon, Benoist Rigaud*, 1570, in 18, Chap. XXI-XXIII et XXXII.
D'après la *Bibliothèque des Romans*, par Lenglet du Fresnoy
tom. II, *pag*. 242, ce roman existerait en vers, Mss. in 4°. Cela
m'étonnerait beaucoup, attendu qu'il n'est qu'une épisode du grand
roman de *Perceforest*, en 6 vol. in fol., ce qui avant moi n'a été
reconnu par personne que je sache, lequel grand roman est en
prose. L'éditeur du petit volume, afin de déguiser son plagiat, a
substitué au nom du Roi *Perceforest* celui du Roi *Péléon*.

contient un incident à peu près pareil. Je vais le rapporter, afin que l'on puisse en faire la comparaison.

Néronnes, fille du roi de l'Estrange Marche, amante du chevalier Doré, est ravie par Fergus, roi de Norvegues (Norvège). Après des lamentations de se voir éloignée de son amant, le cœur lui faut de faiblesse, et elle s'étend sur son lit comme privée de vie, remuant seulement un peu la bouche en retirant les lèvres, ce qui fait dire aux assistants que c'est un signe de mort. Ce propos, entendu par Néronnes, lui fait naître l'idée de feindre d'être véritablement morte, « car pour meschef qu'elle deust souffrir, elle « ne monstreroit jamais semblant de vie. » Fergus, au désespoir de l'accident, sort, laissant dans l'appartement ses deux sœurs et deux autres demoiselles. Brohande, une des sœurs de Fergus, prétend que Néronnes contrefait la morte et, pour en avoir la preuve, prend une aiguille d'argent et la pique aux flancs, aux côtés et aux reins, sans que la princesse remue. Alors Brohande allume une torche ou bougie et lui fait dégoutter la cire sur le sein et sur le ventre. Fergus, averti par les deux autres demoiselles, rentre dans la chambre et, voyant maltraiter ainsi Néronnes, tout courroucé saisit une épée et coupe la tête à ses deux sœurs. Ensuite il fait creuser une fosse pour servir de sépulture à Néronnes. Elle est couchée dedans. On couvre le cercueil d'un drap d'or fixé aux quatre coins, afin que le vent ne découvre pas le corps, jusqu'à ce que la pierre qui doit former le couvercle du tombeau soit taillée. La nuit étant venue, Néronnes, après s'être bien assurée que tout le monde s'est retiré, se débarrasse de ce qui la couvre, et sort de la fosse. Cependant le chevalier Doré, instruit de la trahison de Fergus, le cherche, l'atteint, le combat et le tue. Enfin, après maintes aventures, il retrouve sa belle et fidèle Néronnes.

www.ingramcontent.com/pod-product-compliance
Lightning Source LLC
Chambersburg PA
CBHW070305100426
42743CB00011B/2350